DESPERTAR

DESPERTAR

MARYELL CISNEROS

DESPERTAR

Un viaje a lo más profundo de nuestro ser

AGUILAR

El papel utilizado para la impresión de este libro ha sido fabricado a partir de madera procedente de bosques y plantaciones gestionadas con los más altos estándares ambientales, garantizando una explotación de los recursos sostenible con el medio ambiente y beneficiosa para las personas.

Despertar
Un viaje a lo más profundo de nuestro ser

Primera edición: abril, 2024

D. R. © 2024, Maryell Cisneros

D. R. © 2024, derechos de edición mundiales en lengua castellana:
Penguin Random House Grupo Editorial, S. A. de C. V.
Blvd. Miguel de Cervantes Saavedra núm. 301, 1er piso,
colonia Granada, alcaldía Miguel Hidalgo, C. P. 11520,
Ciudad de México

penguinlibros.com

ISBN: 978-607-384-463-5

Impreso en México – *Printed in Mexico*

índice

A mis padres,
Felipe Cisneros y Alma Leticia Morales:
¡Los amo! ¡Son mi mayor inspiración!

Prólogo

Cuando era una niña no me bastaba con leer un libro para aprender sobre la historia del mundo, no me bastaban las palabras, quería vivirlo, quería saberlo, quería experimentarlo todo.

Desde pequeña me di cuenta de la importancia de cuestionarme y de aprender todo lo que estuviera a mi alcance. Lo primero que empecé a cuestionarme fue todo lo relacionado a la religión y a la iglesia. Las discusiones sobre ir a misa nunca terminaban bien en mi casa, ya que, muchas veces, las normas no me hacían sentido y nadie podía darme respuestas certeras, la realidad es que nadie las tenía y aun así había que seguir una verdad que de alguna forma no sentía correcta para mí. No podía comprender las escrituras en la Biblia si no había estado en contacto con todo eso, no podía entender los milagros o los lugares sagrados si nunca había investigado o experimentado las palabras que estaban descritas en ese texto tan importante. Todo esto derivó en que, en algún momento de mi adolescencia, pensé que era atea. Hablar de religión o de espiritualidad no era un tema que eligiera porque no tenía suficiente información.

A pesar de aquellos años de aparente rebeldía, siempre fui una buena estudiante, no necesariamente de puro 10, era más una persona de 8, alguien que tuvo que ir a clases extracurriculares de física y matemáticas porque definitivamente no se me daban esas materias, pero, a pesar de eso, siempre tuve un gran deseo por descubrir la verdad, ese gran deseo me llevaría a lugares, situaciones y momentos de dolor, de incertidumbre, pero, al mismo tiempo, de amor y sabiduría. Cuando cumplí 18 años, mis papás me sorprendieron con un viaje para estudiar inglés en el extranjero, durante el verano antes de iniciar la universidad. El viaje era a Manchester, Inglaterra. Al regresar de ese viaje nada volvió a ser lo mismo. Nunca paré de viajar, y esto se convirtió en mi forma de enfrentar el mundo, de ponerme cara a cara frente a mis miedos, soledad e incertidumbre, y al mismo tiempo fue la forma que encontré para aprender de la vida; sin duda fue viajando donde encontré mi verdadero hogar. Por eso digo que viajar ha sido mi veneno y mi medicina, siempre un gran maestro.

Un día, mientras estaba viviendo en Manchester, mis papás me llamaron para que me decidiera por la carrera que iba a estudiar, sabían que estaba entre diseño y negocios internacionales. Pensé que negocios internacionales podría ser la mejor opción si quería seguir viajando, después me enteré que no porque dijera "internacional" significaba que tuvieras un lugar asegurado para vivir en otros países, así que me propuse no terminar atrás de un cubículo en una empresa en México y realmente salir a conocer el mundo.

Apenas terminé la universidad, conseguí una pasantía de un año en Bogotá. Era una empresa cervecera de la cual conocía muy poco en ese momento. Al parecer era la segunda cervecera más grande del mundo y eso me bastó para irme, era mi sueño estar en una empresa multicultural. Durante 6 años estuve trabajando para esta compañía. Amaba mi trabajo porque me permitió vivir experiencias increíbles en más de 7 países diferentes de Latinoamérica y Europa y, más importante, me permitió cumplir mis sueños.

Después de estar liderando diferentes proyectos llegó la oportunidad de un contrato de un año en Londres, sin pensarlo dos veces acepté.

A pesar de que estaba cumpliendo mi sueño de trabajar en una multinacional en mi ciudad soñada, la vida tenía planes diferentes para mí. Estando en Londres tuve mi despertar espiritual y en ese momento todo dejó de hacer sentido.

Dejé de aplicar para el MBA y un año después renuncié a mi trabajo. A partir de ahí inicié un recorrido por diferentes países para aprender sobre meditación, budismo, hinduismo, plantas medicinales, chamanismo y psicología transpersonal. Ha sido un viaje lleno de retos y tropiezos, mi despertar me hizo cuestionarme las creencias más básicas sobre la vida, incluso sobre mí y cómo percibimos este mundo. Es por eso que decidí escribir este libro, para compartir contigo el camino recorrido y acompañarte en tu propio despertar.

Este libro abarca una etapa de 7 años desde el momento en Londres —donde empecé a recibir guía de mi Ser superior—, hasta este momento donde estoy lista para compartir mi medicina con el mundo.

Este recorrido de 7 años lo dividí en varios capítulos que conforman 3 grandes bloques, el despertar espiritual, la purificación y el camino espiritual. Cada etapa te lleva a despertar virtudes que te permitirán conectar con tu verdad, con tu esencia y con tu medicina. Cada virtud se volverá la llave de la transformación, de la purificación y de una vida en consciencia.

ESPERO QUE LAS SIGUIENTES PÁGINAS PUEDAN SER UN CATALIZADOR PARA RECORDAR TU SABIDURÍA INTERNA, TU VERDAD Y QUE SEA EL LLAMADO

QUE ESTABAS ESPERANDO PARA VIVIR UNA VIDA EN GRACIA, EN ECUANIMIDAD Y EN PAZ.

Este libro lo escribí para no olvidar a mis maestras las aflicciones y recordar que llevar una vida virtuosa es la respuesta a mis plegarias.

1. Despertando de la ilusión

Sólo porque rompiste un par de ilusiones
no significa que ya estás libre de ellas.

Llegué a Manchester a mis 18 años, era la primera vez que viviría sola y que salía tan lejos de mi país. Manchester es una ciudad estudiantil y fue la ciudad más importante durante la Revolución Industrial en el sigo XVIII. Al parecer la ciudad era perfecta para alguien de mi edad, ni muy grande como lo es Londres y tampoco tan pequeña como Brighton. Todo era nuevo para mí, la moneda, la cultura, inclusive el idioma. Recuerdo haber llegado al aeropuerto a medianoche, mi vuelo había llegado horas después de lo previsto y ya no había nadie esperándome. No tenía celular, ni internet, ni una laptop. Alguien me cambió unas monedas, me fui a un teléfono público y marqué a un número que tenía guardado. A la hora llegó un taxi estilo inglés, ahí tuve mi primer gran choque cultural. Quien pasó por mí era de Palestina, no entendía su inglés, y seguro él tampoco entendía el mío. Era medianoche y yo no sabía si me estaba yendo a mi nueva casa o a otro lado desconocido, en ese momento simplemente confié que fuera la primera opción. Ese verano cambió mi percepción del mundo y me permitió conocerme en otro nivel.

Un fin de semana me fui con unos amigos a conocer Londres, recuerdo que nos quedamos a las afueras porque no encontrábamos algo más económico en la ciudad, tomamos el transporte público para llegar al centro, nos bajamos en la estación de Waterloo y caminamos hacia el sur unos 10 minutos hasta llegar al Río Támesis, justo enfrente del famoso Palacio de Westminster. Lo reconocerás porque una de sus torres es muy famosa, el Big Ben, un reloj de 4 caras y el más grande del mundo.

Al estar ahí empecé a sentir emociones muy expansivas, entre amor, alegría y plenitud. Fue una sensación donde el tiempo se detuvo. En ese momento sentí que regresaría a vivir ahí por trabajo. Yo tenía apenas 18 años, en ese momento no sabía ni qué iba a estudiar llegando a México y no sabía qué tenía que pasar para que eso ocurriera, sólo sabía que algún día iba a trabajar en aquella hermosa ciudad.

Pasaron 7 años desde ese día cuando llegué a vivir a Londres, amaba mi trabajo, tenía un departamento muy moderno y estaba viviendo como expatriada, es decir, la empresa pagaba la mayoría de mis gastos. A pesar de la lluvia y lo nublado que estaba casi todo el tiempo, siempre había algo que hacer con amigos, con mi pareja o salía sola a descubrir y disfrutar de la ciudad.

Y los veranos que había sol los disfrutaba al máximo, buscaba siempre ir a caminar o a disfrutar de la naturaleza en uno de sus tantos parques. Caminar era algo muy placentero después de tantos días sin sol. Llevaba ya 8 meses viviendo en Londres, esperaba con ansias el verano, había pasado un invierno y una primavera bastante fría y lo que más quería era tener planes al aire libre. Cuando llegó el verano sabía que sería la mejor estación de todas, y más porque empezaba la temporada de festivales. Amaba la música, y los últimos 8 meses había disfrutado de mucha sólo que siempre en lugares cerrados. Lucho, un muy buen amigo de Colombia me escribió un día invitándome a Lovebox, un festival en Victoria Park. Sin pensarlo le dije que sí.

Llegó el día y, a pesar de haber invitado a mi pareja, no me quiso acompañar, a él no le gustaban mucho los festivales, ya había pasado por esa etapa cuando tenía 16 años, había nacido y crecido en los Países Bajos, todo este tipo de eventos era algo mucho más normal para él, así que decidió que, a sus 25 años, ya había tenido demasiado de festivales y fiestas, ahora prefería un buen restaurante en la ciudad. Yo, en cambio, seguía en este ambiente a mis 27 años, ese día, me encontré con mis amigos y nos fuimos a Victoria Park, un parque que está al este de Londres, tomamos el *overground* hasta la estación de Cambridge Heath y de ahí caminamos hasta entrar al festival. Era todavía temprano, hacía calor y no llovió en todo el día. Algo muy bueno para el clima de la ciudad.

Desde el 2002, este festival cada año recibe a unas 50,000 personas y por él han pasado algunas de las mejores bandas del mundo. Todo el festival estuvo espectacular, los artistas principales eran Major Lazer, Jungle y LCD Soundsystem. Quien cerraba era LCD Soundsystem, a quienes tenía muchas ganas de ver desde hacía años. Corrimos lo más adelante que pudimos hacia el escenario y fue impresionante ver a tanta gente disfrutando de la música. Había miles de personas alrededor mío, sabía que no podría salir aunque quisiera. Todos estábamos bailando, había suficiente espacio y yo me sentía bastante cómoda porque estaba con amigos que conocía desde antes de llegar a Londres. De repente algo pasó a mitad del concierto. Empecé a escuchar que algo me hablaba, sabía que no era la voz de ninguna persona que estuviera cerca. Mi primera reacción fue voltear hacia arriba porque desde ahí sentía que venía esta voz, a pesar de que no hacía sentido porque claramente arriba sólo estaba el cielo, no había nadie y no importaba que la música estuviera tan fuerte, la voz era clara y fuerte, no la escuchaba con mis oídos, la escuchaba como telepáticamente, es decir, entendía lo que me decían sin ver a alguien. Esa voz tampoco estaba en mi mente, no era un pensamiento, simplemente, para mí, era una voz que jamás había percibido de esa forma.

En ese momento no tuve oportunidad de asustarme o analizarlo, después de unos segundos mi reacción fue sacar mi celular y empecé a escribir todo lo que escuchaba, sabía que era información que venía de una fuente más allá de lo que conocía como realidad, aunque no pudiera ni ponerlo en palabras en ese momento. No sé cuánto tiempo estuve apuntando cuando uno de mis amigos que estaba bailando a lado mío se dio cuenta, y recuerdo que me dijo que disfrutara del concierto, que no estuviera en mi celular. En ese entonces yo no tenía redes sociales, realmente no las usaba, mi celular era más para el trabajo, pero en ese momento lo que él no sabía es que estaba teniendo una descarga de información.

Le pregunté si él también estaba escuchando lo mismo, si podía escuchar la voz, pero él sólo regresó a bailar y yo seguí escribiendo, impactada por lo que me estaban dictando. A pesar de que la música era tan fuerte, yo dejé de escucharla, mi atención estaba en esta voz que transmitía neutralidad y calma.

Volteé a ver a mi alrededor por un segundo para ver dónde me encontraba, estaba en medio de miles de personas, todas gritando, bailando, en un frenesí del cual yo ya no era partícipe. Cuando regresé a ver mi celular con todo lo que había escrito, ya no estaba. Todo se había borrado.

Las palabras que recuerdo de esa noche fueron éstas: Maryell, aléjate de las masas, aléjate de este ambiente, hay personas que te quieren. Me nombró 3 personas: mi papá, mi mamá y mi mejor amigo. No fue necesario que dijera sus nombres, sentía la energía de los 3, un amor envolvente y la certeza que había en sus palabras.

Dentro de esta descarga de información, me decían que esta realidad no era como pensaba, era sólo una construcción de mi mente, de lo que me enseñaron en la escuela, de mis creencias, no era toda la realidad como pensaba.

Ese momento jamás lo olvidaré, fue un momento de inflexión en mi vida, distinto a lo que había vivido en esta realidad y que experimentamos con nuestros 5 sentidos. Jamás me dio miedo, la voz era tan amorosa, la guía era muy puntual y certera. El tiempo se detuvo en ese momento, sentía que ya no estaba en el festival y la sensación era de estar recibiendo información muy importante, por eso sentía la necesidad de apuntar todo. Cuando dejé de escuchar la voz, mi mente tomó control nuevamente de mí y empecé a experimentar una fase de confusión sobre lo que había escuchado. Me empecé a abrumar porque mi mente no podía entenderlo lógicamente.

El festival terminó a las 11 de la noche y mis amigos querían ir a otra fiesta, eso era algo que hacíamos frecuentemente, más porque en Londres los festivales terminan temprano y es normal que algunos sitios tengan fiestas exclusivas despues del festival. Pero ese día les dije que mejor fuéramos a mi departamento, yo seguía pensando en todo lo que había pasado y noté que mis pensamientos de repente eran muy diferentes, la información ahora venía a través de ellos, mi percepción en ese momento había cambiado. Ya no veía la realidad como la conocía. Tomamos el *overground* hasta Whitechapel, que está al lado de Shoreditch, era la ruta más rápida desde Victoria Park, y yo lo que quería era llegar a mi casa lo más pronto posible, era mucha gente y yo estaba muy sensible a todo.

Mientras estaba en el metro, la información seguía bajando, una vez en mi departamento, los mensajes volvían a repetirse de formas diferentes: "Todo lo que has conocido hasta este momento es sólo una perspectiva, es una ilusión construida."

Yo me movía de un lado a otro mientras mis amigos hablaban entre ellos, en ese momento sentí mucha tristeza porque me estaba dando la sensación de que había sido engañada, todo lo que había vivido hasta mis 27 años no era verdad. Fue muy abrumador y desesperante en ese momento.

Salí al balcón y le marqué a mi pareja, con quien ya llevaba dos años, quería que fuera a mi departamento, que estuviera conmigo, él vivía a unas cuadras y todavía era temprano. Apenas me respondió su celular empecé a decirle toda la información que había estado recibiendo: "¡Nos han estado engañando, esto es una ilusión, no es real nada en nuestras vidas, esto que conocemos no es la verdad!" Y lo único que me contestó fue: "Te lo dije, no quería que fueras a ese festival." En ese momento me sentí tan sola, un vacío me envolvió completamente y segundos después me colgó el teléfono. Sentí que me estaba volviendo loca, los demás negaban lo que estaba experimentando y yo me sentía confundida y engañada.

Mis amigos seguían en la sala hablando entre ellos y poniendo música, querían seguir de fiesta, pero yo no podía con tanta información, así que entré y les dije que quería descansar, que no me sentía bien, no quería decirles todo lo que me estaba ocurriendo. Se fueron y por fin entré a mi cuarto, recuerdo estar en la ventana que daba a unos árboles enormes y sentía una sensación de vacío, alguien o algo me había dejado en la tierra, sabía que tenía que recordar algo importante y lo más agobiante es que lo había olvidado, sabía que mi hogar no era México, no era Londres, no era Bogotá ni ningún otro lugar en este planeta, pero no sabía con exactitud dónde quedaba ese hogar.

A las semanas, mi realidad exterior, todo lo que conocía en mi vida, empezó a desmoronarse, terminé con mi pareja y se cerraron los proyectos globales en mi trabajo, eso significaba que al terminar mi año en Londres iba a regresar a la oficina de Bogotá y mi interés por el MBA, al que estaba aplicando desde hacía tiempo, desapareció por completo.

Cuando mi pareja invalidó lo que yo estaba experimentando, sabía que no podía contarle a nadie sobre esto, así que me quedé callada durante algunos años. Lo he compartido con personas que de alguna manera han pasado por algo similar, pero fue después de unos años, hasta que pude ponerle palabras e investigar más sobre el tema que he podido comunicarlo a los demás y es, también, una de las razones por las que escribo este libro, sé que alguien puede estar pasando por lo mismo y es momento de compartirlo porque durante muchos años me hubiera gustado tener esta información. Sé que con los años más personas empezarán a recordar y despertar y este recurso está creado para sentirse acompañados y sostenidos con estas palabras.

Se dice que, en los muchos momentos ordinarios de la vida, algunas experiencias se sienten extraordinarias, fuera de nuestros 5 sentidos. Éstás marcan puntos de inflexión y a partir de ese momento uno nunca vuelve a ser el mismo. Son momentos que parecen venir de otra fuente, producen estados emocionales desbordantes y nos invitan a desapegarse de lo que vivimos para entrar a un estado alterado de consciencia.

Es una invitación a conectar con un espacio de mayor quietud que se encuentra dentro de ti, una invitación a ir más allá de la cultura en la que creciste para escuchar la guía y las instrucciones que nadie más puede escuchar y que son sólo para ti. Inicia una aventura de exploración, de intimidad con el ser, una aventura que se vuelve un cambio de percepción, a través del cual podemos tener un despertar espiritual.

En ese momento se siente como si hubieran prendido —sin avisar— un foco en un cuarto completamente oscuro. Y a pesar de que algunas de estas experiencias son breves, tienen un impacto duradero y conllevan cambios en la realidad externa. Estos cambios también pueden surgir paulatinamente, al final son experiencias que han existido toda la vida y las han llamado de diferentes formas: desde experiencias religiosas, espirituales, psicodélicas, místicas, chamánicas, entre otras. Todos los textos sagrados las han descrito y verificado, y aun así, seguimos sin comprender todo lo que esto abarca.

A través de estas experiencias te vuelves un místico, donde tu enfoque está en tu interior, en la conexión con tu alma. Algo que la cultura, la sociedad, tu familia o hasta tu pareja no te permite tener. No porque no quieran, es porque ésa es la dinámica en la que vivimos, preguntas sin respuesta, conversaciones vacías, existencias superficiales que no nos permiten conocer qué hay detrás de la mente de otra persona, no permiten tener este espacio en silencio que requiere un místico para escuchar finalmente su voz interna, donde se pueda comunicar con el misterio que te está guiando en una dirección distinta a la que habías recorrido hasta este momento.

Este despertar espiritual que me ocurrió en el lugar menos esperado fue un destello para iniciar un recorrido para conocer mi verdad. Todo lo que sentía como engaño, mentira, o inclusive conspiración, era el inicio de un llamado a una exploración interna, a una transformación, a la evolución de mi ser.

Pasaban las semanas y podía observar en mis creencias el sufrimiento con el que vivía, el dolor que cargaba, todo lo que componía ser humano. Era tan abrumador que empecé a tener ataques de ansiedad e inicié un proceso de crisis espiritual. La vida ya no era como la conocía y nada hacía sentido. Mis sueños empezaron a conectarse con otros mundos que jamás había visitado pero que sabía eran tan reales como el planeta Tierra, con seres parecidos a nosotros, pero con otra frecuencia diferente, caminaba por Londres y las grandes estructuras parecían hologramas. En ese momento sabía que una puerta se había abierto. No había vuelta atrás, la única opción era caminar y adentrarse en este nuevo camino.

Antes de 1970, la psiquiatría no hacía ninguna distinción entre las experiencias espirituales o místicas, y una enfermedad mental. Cuando empezaron a surgir infinidad de experiencias de este tipo, las prácticas se extendieron por todo Estados Unidos, y a inicios de 1990 se hizo una propuesta para una nueva categoría en la psiquiatría llamada

"Problemas religiosos o espirituales". La categoría fue aprobada en 1993 y está incluida en la cuarta edición del *Manual de Diagnósticos de Desórdenes Mentales* de la Asociación Psiquiátrica de América.

Esto marcó un incremento en la aceptación de las emergencias espirituales o crisis transpersonales.

Esto no significa que al estar en un proceso espiritual vas a pasar por una emergencia espiritual, tu proceso se puede dar durante un periodo indeterminado; por ejemplo, el golpe puede llegar mientras lees un libro, vas a terapia, vas a algún taller o te acercas a otro tipo de personas, y después de meses o años te das cuenta cómo tus valores han cambiado, tu percepción del mundo es diferente y tu interacción con el mundo es más consciente.

Para otros, este proceso puede ser abrupto, dramático y de forma muy acelerada, y eso es lo que puede causar que entres en una emergencia espiritual. Una transformación personal puede ser un catalizador para experiencias místicas o conexión con otros reinos cuando tu transformación llega a ser caótica y abrumadora. Las sensaciones son diversas, puedes sentir que tu identidad se está destruyendo, que los valores y creencias ya no son verdad o que tu realidad está cambiando radicalmente.

Cuando alguien tiene experiencias místicas puede entrar en miedo y en confusión, esto cuando no se tiene información de lo que está pasando. Esto te puede llevar a sentir mucha ansiedad y empiezas a tener dificultad para llevar las tareas del día a día, inclusive podrías preocuparte por no volverte loco.

Stanislav Grof ha explorado y desarrollado teorías sobre la psicología humana, particularmente en relación con las experiencias transpersonales y espirituales. Su enfoque principal se centra en el potencial terapéutico de los estados no ordinarios de consciencia, como los inducidos por sustancias psicodélicas o prácticas espirituales.

Grof es un renombrado psiquiatra y psicoterapeuta checo, reconocido por su contribución significativa al campo de la psicología transpersonal. En los 80 escribió un artículo sobre emergencias espirituales y en él describe 6 situaciones donde se pueden dar estas crisis transpersonales:

- Despertar del Kundalini.
- El viaje chamánico.
- Renovación psicológica.
- Apertura psíquica.
- Emergencia de patrón Kármico.
- Estado de posesión.

La información que te compartiré a continuación es sólo una pequeña parte de lo que puedes encontrar en el artículo escrito por Stanislav Grof "Spiritual Emergency: The Understanding and Treatment of Transpersonal Crises", donde nos lleva a explorar más a fondo cómo se pueden presentar estas emergencias espirituales. También Grof tiene un libro completo sobre este tipo de emergencias espirituales, *Spiritual Emergency: When Personal Transformation Becomes a Crisis*, te lo recomiendo muchísimo. Esto es parte del mapa que me ha ayudado a entender no solamente ese momento de crisis transpersonal que tuve en Londres, sino más experiencias místicas que han ido sucediendo en mi vida al adentrarme en mi práctica de meditación y en otras prácticas espirituales. A continuación te voy a platicar brevemente sobre cada una de ellas y la importancia que han tenido en este proceso

Despertar del Kundalini

Kundalini es una energía que se encuentra dormida en la base de nuestra espina dorsal y es representada por una serpiente. Esta energía se activa por diferentes prácticas espirituales, como tu práctica de meditación o tu práctica de yoga, o de forma espontánea mientras te conectas contigo. Esta energía activa también se le conoce como Shakti y pasa por los nadis, que son centros energéticos en nuestro cuerpo, abriendo, limpiando e iluminando los chakras. (Stanislav Grof, 1982)

Este tipo de despertar puede estar acompañado de manifestaciones físicas como sensaciones de calor y energía que suben por todo tu cuerpo a través de tu espina dorsal, puede traer espasmos, temblores y movimientos violentos en el cuerpo. También puede causar risas involuntarias, hablar en otras lenguas, emitir voces o sonidos de animales, así como hacer posturas de yoga o mudras.

Este tipo de sensaciones tienen mucha más apertura ahora con la cantidad de prácticas que encontramos disponibles sin que se usen psicodélicos o sustancias. Con una sesión de KAP (Kundalini Activation Process), con una sesión intensa de yoga, en una sesión de respiración o simplemente meditando, puedes conectar con esta energía tan poderosa. El poder darle nombre a estas manifestaciones físicas nos permite ir más allá del miedo o del ocultismo detrás de algo tan científico como la energía que somos y que podemos activar en nuestro cuerpo.

El viaje chamánico

Este episodio sucede en un estado no ordinario de consciencia y marca el comienzo de la carrera de un chamán. Es una experiencia con la muerte y el renacimiento. Dentro de este proceso se desciende al mundo bajo, con la guía de espíritus ancestrales, y la exposición de torturas emocionales y físicas para finalmente morir. Después de este proceso viene el renacer, la ascensión a otros reinos.

Una integración positiva después de un episodio así es el buen funcionamiento en la vida diaria para ser aceptado como chamán. El chamanismo es la religión más antigua de la humanidad, y sus diferentes variaciones se encuentran en Siberia, algunas partes de Asia, Norte y Sur de América, Australia, Oceanía, África y Europa.

A través del viaje chamánico, la persona puede experimentar un renacer de su ser. Puede sanar heridas emocionales y traumas pasados, encontrar un propósito en la vida y acceder a una sabiduría interna más profunda. Este proceso puede llevar a una transformación personal significativa y a una conexión más profunda con el mundo espiritual.

El viaje chamánico se puede realizar ya sea a través de técnicas de respiración, rituales, uso de plantas sagradas u otros métodos, donde la persona entra en estados alterados de consciencia. En estos estados, puede experimentar visiones, encuentros con espíritus o animales guías y una sensación de unión con lo sagrado y lo trascendental.

Renovación psicológica
a través del arquetipo central

Durante este proceso, la psique humana se abre a una conexión con los arquetipos centrales, que son patrones universales y simbólicos que residen en el inconsciente colectivo.

En esta emergencia, la persona experimenta una crisis existencial profunda que la lleva a cuestionar creencias y valores fundamentales. Esta persona puede sentir una desconexión con el mundo y una falta de sentido en su vida. Sin embargo, a medida que se adentra en su proceso, puede comenzar a experimentar visiones o revelaciones simbólicas que la llevan a una renovación psicológica.

Imagina a una persona que ha pasado una gran parte de su vida sintiéndose atrapada en su rutina monótona y que ya no le da sentido. Está desilusionada por su trabajo, sus relaciones, su estilo de vida en general. Siente que algo falta en su vida y experimenta una profunda sensación de vacío. En un momento dado, esta persona se ve confrontada con una crisis emocional o una serie de eventos desencadenantes que la llevan a cuestionar su existencia y buscar un cambio significativo. Durante este proceso de búsqueda comienza a tener sueños vívidos y simbólicos en los que aparece un arquetipo central en forma de un anciano representando la sabiduría o el conocimiento, quien se convierte en una guía espiritual para la persona y, ya sea a través de sueños, meditaciones o estados de consciencia ampliados, la persona se siente conectada con este arquetipo central y recibe mensajes, orientación y enseñanzas. A medida que la persona se adentra en este proceso de renovación psicológica, comienza a tomar decisiones valientes en su vida. Abandona su trabajo y busca una carrera que esté más alineada con su pasión y propósito. Se aleja de relaciones tóxicas y busca conexiones más auténticas y significativas. En este ejemplo la persona experimenta una transformación interior. Descubre una mayor comprensión de sí misma, desarrolla una conexión más profunda con su espiritualidad y encuentra un sentido renovado de propósito y significado en su vida. Se siente más en armonía consigo misma y con el mundo que la rodea.

Apertura psíquica

La persona, teniendo estas experiencias, está viviendo momentos paranormales. Entre ellos está la experiencia fuera de su cuerpo, es decir, cuando la consciencia se desprende de tu cuerpo y puedes observarte a la distancia o desde arriba. También en este estado puedes presenciar eventos que están pasando en otro cuarto o en otro lugar remoto.

Esto también incluye nuestra habilidad para predecir eventos, tener visiones, ir a eventos pasados, leer los pensamientos de las otras personas de forma telepática o empezar a tener y presenciar sincronicidades. Estas últimas, Carl Jung las define como un principio de conexiones acausales e instantes de coincidencias con significado.

Esta emergencia la puede vivir alguien con una vida ordinaria, que va a su trabajo, que está con su familia, pero sin que ésta tenga su enfoque en la parte espiritual o en su desarrollo como persona; de repente, esta persona empieza a experimentar una serie de eventos diferentes como sincronicidades muy notorias, sueños vívidos, percepciones extrasensoriales o empieza a tener encuentros con seres u otras presencias. Estas experiencias pueden ser muy abrumadoras, pero bien atendidas, abren las puertas de su consciencia y despiertan un profundo anhelo de comprender la naturaleza de la realidad y su lugar en ella. La persona se sumerge en una búsqueda espiritual, explorando diferentes tradiciones y prácticas espirituales como la meditación, el yoga, el chamanismo, la astrología, entre otros. A medida que la apertura psíquica continúa, la persona puede experimentar cambios en su percepción de la realidad, una mayor sensibilidad hacia el mundo que la rodea y una conexión más profunda con la naturaleza y el cosmos. Esta experiencia de emergencia espiritual puede llevar a un crecimiento personal significativo, así como a la adopción de una cosmovisión más amplia y espiritual.

Emergencia de un patrón Kármico

En esta emergencia espiritual el individuo experimenta secuencias dramáticas que parecen estar ocurriendo en un contexto temporal o espacial, en otro momento histórico o en otro país. Estas experiencias pueden ser muy realistas y están acompañadas de emociones muy fuertes y sensaciones intensas a nivel físico. Los individuos que tienen estas experiencias tienen el sentimiento de estar reviviendo episodios de su vida pasada.

Como este concepto no es parte de nuestra cultura, muchos individuos que están en este proceso tienden a resistir estas experiencias con vidas pasadas porque las ven como locura, producto, en parte, de la descalificación y la desinformación de su sociedad.

Un buen ejemplo de este patrón Kármico es Matias De Stefano, un argentino quién empezó a recordar sus vidas pasadas a partir de los 12 años. La información que iba obteniendo le daba una comprensión sobre el universo y las numerosas capas de realidad en las que existimos. Hay muchos documentales y entrevistas que le han hecho a Matias y en cada una revela una vida diferente, en alguna de éstas comenta cómo al inicio el estar recordando sus vidas pasadas sentía un dolor a nivel emocional y cómo esto afectó su vida, sin embargo, Matias aprendió a recibir esta información para compartirla con el mundo.

Estado de posesión

Estas emergencias espirituales pueden ocurrir en el contexto de psicoterapia experimental, tratamiento psicodélico o como un desarrollo espontáneo en la vida del individuo.

La cara del individuo puede modificar y parecer una máscara malvada, los ojos empiezan a tener una expresión salvaje, las manos y el cuerpo empiezan a tener el cuerpo contracturado de forma extraña, esto entre otras manifestaciones.

La energía que el individuo identifica al tener este tipo de experiencias es demoniaca y tratan de suprimirla a toda costa. La resolución ocurre después de muchos movimientos involuntarios en el cuerpo o cambios bruscos en la personalidad del individuo, hasta el punto de llegar a una catarsis.

Cada una de estas emergencias o crisis transpersonales que describe Stanislav Grof, requieren un tratamiento diferente y éstas pueden surgir principalmente en momentos de transformación, aunque no es una regla. Cuando un individuo experimenta alguna de estas crisis la situación se puede complicar tanto que deja de ser funcional en su día a día y es ahí cuando se requiere de ayuda para navegar estas emergencias espirituales como lo que son y no como una enfermedad mental.

Desde que empecé a estudiar este tipo de crisis espirituales veo a más personas entrar en ellas después de su despertar o cuando están en un camino de sanación. Estas personas se empiezan a asustar por todo lo que ven, sienten y comprenden más allá de sus 5 sentidos, de la forma en la que perciben su realidad y su impotencia al no encontrar un lugar donde puedan regresar a una vida funcional. Es aquí donde esta información es valiosa para todos aquellos que piensan que se están volviendo locos cuando la realidad es que están percibiendo una frecuencia diferente a la que normalmente lo hacían y es tan diferente que esto asusta. Cuando empiezan a conocer más sobre este tipo de crisis y conocen a personas que los pueden acompañar, el miedo empieza a disminuir y se sienten más tranquilos en esta transformación personal en la que han entrado.

En aquel momento, cuando estaba en el festival teniendo esta conexión con una fuerza divina, no tenía ningún conocimiento sobre el budismo, no había estudiado ninguna filosofía o religión y tampoco me había preguntado sobre nuestro propósito como humanidad aquí en la Tierra. No tenía ninguna ruta qué seguir, ninguna guía de navegación.

Al tener esta experiencia, las preguntas constantes que no paraba de hacerme eran: ¿Qué es real entonces? ¿Quién soy? ¿Es esto un engaño?

Un par de años después de este evento me fui acercando al budismo, al hinduismo y empecé a leer la Biblia más curiosidad. También había libros de maestros espirituales que al leerlos se sentían como una guía hecha a la medida. Esto empezó a formar en mí un mapa para navegar la vida y de alguna manera darle sentido a todo lo que estaba ocurriendo en ese momento.

El primer mapa que empecé a usar como filosofía de vida y para ir formando mi cosmovisión del mundo fue el budismo, el cual es una antigua tradición espiritual que se originó en la India hace más de 2,500 años. Es una filosofía de vida y una práctica espiritual basada en las enseñanzas de Buda, Siddhartha Gautama. Ésta se centra en comprender y superar el sufrimiento humano a través del desarrollo de virtudes como la compasión y la ecuanimidad.

En el budismo se habla de la liberación del sufrimiento para llegar al nirvana, un estado donde se trasciende el dolor, el sufrimiento, un estado más allá de la aflicción. Éste es un estado de paz profunda, felicidad duradera y liberación de las limitaciones y apegos del mundo material que se experimenta en el Samsara.

El Samsara se caracteriza por el sufrimiento, la insatisfacción y la impermanencia. Es decir, todos los seres vivos experimentamos el dolor físico, las enfermedades, el envejecimiento y la muerte. El objetivo de la filosofía budista es trascender el Samsara y alcanzar la liberación del sufrimiento.

El Samsara es el estado donde la consciencia está velada por la ignorancia, el Samsara es impulsado por el apego y el deseo insaciable, esto perpetúa el ciclo interminable de nacimiento y muerte en el que nos encontramos. Desde la filosofía budista, nuestra experiencia cotidiana y la realidad tal y como la percibimos son una ilusión. No vemos claramente la naturaleza de la realidad, estamos velados por la ignorancia. Nuestra percepción, nuestros sentidos y la mente están influenciados por nuestras emociones, deseos y apegos, lo que distorsiona nuestra comprensión de cómo son realmente las cosas.

Esta ilusión se basa en la idea de que las cosas tienen una existencia permanente. El budismo enseña que esta ilusión y confusión son la causa del sufrimiento humano, ya que nos aferramos a lo que es impermanente y nos resistimos a aceptar el flujo natural de la vida. El objetivo del budismo es superar esta ilusión y desarrollar una comprensión clara y directa de la realidad tal como es.

Esto no significa que el mundo de las ilusiones sea algo completamente falso, sino, más bien, es una forma de ver limitada y condicionada por nuestra mente y nuestras percepciones. Al trascender estas ilusiones, se busca alcanzar un estado de claridad y liberación del sufrimiento.

Esa noche en Londres yo sentí que me habían quitado un velo, ya no había un filtro de la realidad, y aunque fue momentáneo y apenas un destello, eso fue suficiente para saber que había algo más allá de lo que había sido mi vida hasta ese momento. En el budismo se dice que en el Samsara aparecen conceptos y objetos inertes que se asume son reales, pero los ojos son los que están revelando el gran engaño de esta realidad. Terminamos experimentando como real aquello que no lo es. Ahí radica el engaño.

Esa noche me fui a dormir y volví a recibir información en mis sueños. Empecé a conectar con seres que irradiaban un amor incondicional como nunca lo había sentido antes. Percibía otros mundos y empecé a sentir que no sólo había vivido en este planeta. Poco a poco, mientras pasaban los días, todo empezó a desvanecerse y mi ser volvió a estar completamente en mi cuerpo, en la realidad conocida, podía volver a enfocarme en las actividades del trabajo pero fue imposible olvidar lo que me pasó durante esas semanas.

Poco después noté que seguía recibiendo información y tenía destellos de consciencia que me permitían ver patrones, creencias, incluso mis pensamientos. Empecé a observar cómo caía una y otra vez en la naturaleza aflictiva del Samsara, es decir, en estados mentales como el apego, la soberbia, el enojo, la envidia o la ira. El despertar te permite verte en tu humanidad y eso no es cómodo cuando toda nuestra vida creamos una máscara para solamente percibirnos como buenos, cuando somos seres viviendo en polaridad.

Cuando iniciamos un proceso de cuestionamiento, de transformación profunda, empezamos a acercarnos a nuestro ser, somos más observadores y conscientes, al menos un grado más de lo que éramos antes, y lo primero que esperas es que tu vida ahora sea automáticamente mejor, en calma y en tranquilidad. ¿Por qué no sería así si tuviste la oportunidad de ver más allá de la realidad conocida? Lo que sucede es que ahora tu exterior es una fuente de información que te refleja lo que hay en tu interior y empiezas a reconocer aspectos tuyos que rechazaste por mucho tiempo. Imagina que vamos por la vida siendo conscientes del 1% de todo lo que hacemos, pero debajo de esta capa existen globos de información que están en nuestro subconsciente y ahora estamos listos para que emerjan a la superficie poco a poco. Estos globos llegan a ser información guardada que no te permitías ver, Carl Jung le nombró a esto la sombra, lo que niegas y reprimes de tu ser esencial. Es decir, empiezas a verte en tu totalidad, con tus virtudes, pero, sobre todo, tus defectos, empieza a salir tu enojo, tu envidia, tu ira y esto puede llevarnos a la depresión, pues pensamos que ahora estamos peor que antes, cuando, simplemente, estás en un proceso de autoconocimiento y observación que eventualmente te llevará a la purificación de tu ser y a conocer lo más profundo de tu ser.

Todos los días tienes la oportunidad de despertar, de darte cuenta de que estás viviendo en falsedad, esto lo puedes identificar cuando entras en la misma narrativa de siempre o cuando tus acciones son iguales al recibir un estímulo en específico.

El desarrollar prácticas espirituales te permite ser consciente durante tu día, ver el patrón en el que caes una y otra vez en tus relaciones, en tus respuestas y cómo navegas la vida. De esta forma, te estás liberando del dilema mental, te liberas del engaño de ese momento con sólo notarlo, porque ser conscientes de todo es una tarea ardua para el ser humano. Al menos que seamos un ser iluminado. Éste es el regalo más grande del despertar, ver, aunque sea destellos de luz de vez en cuando.

El despertar de consciencia sucede a través de muchas cosas, ya sean ciertas palabras, lectura de algunos libros, experimentar una situación difícil, o espontáneamente de la nada. No es algo que podamos generar, si una persona no está cuestionando su ser o la vida, la forma más fácil de llegar a este despertar es a través de la cristalización del ego.

Una de las formas más sencillas que comparte Sri Prem Baba para llegar a este despertar es consiguiendo todo lo que quieras en esta vida ya sea fama, reconocimiento, dinero o estatus, y que sea rápido. Eso cristaliza el ego y ahí es cuando tendrás la oportunidad de reconstruirte.

Una vez acompañé a una amiga a una de las librerías más grandes en Londres, Mireya y yo trabajábamos juntas, ella del lado del proveedor y yo del cliente. Ella lideraba toda la parte de Genpact, una empresa global enfocada en consolidar servicios. Mireya era de Bucarest y vivía por temporadas en Londres. Las dos estábamos implementando los nuevos centros de servicios de Europa en Bucarest, recuerdo que tenía un rol de líder dentro de este proyecto y hablaba bastante bien el español.

La realidad es que, fuera de las cenas de la empresa o comer juntas en la oficina, no salíamos mucho, pero un día fuimos a pasear a una de las librerías más grandes de Londres, *Waterstones*. Era espectacular estar en un sitio donde entras y quieres que toda la sabiduría de todos estos libros también esté en ti.

Ella estaba buscando varios libros, yo sólo iba de acompañante, no tenía algún libro en mente que quisiera comprar. Entramos y se dirigió al segundo piso como si supiera a dónde quería ir, yo la seguí y al llegar a la segunda planta ella se fue directamente a una sección de libros sobre espiritualidad, yo en ese momento estaba leyendo libros más enfocados en *startups* y emprendimiento.

Tomó un libro de Rumi, otro de tantra y otros más sobre filosofía. Cuando tomó el de Rumi me leyó uno de los poemas y fue como si la información entrara por un oído y saliera por otro. Dije: "Eso de la poesía no es para mí", ella sonrió y me contestó: "Ya llegará el momento donde Rumi te haga sentido, todo llega en el momento indicado."

No comprendí sus palabras, para mí sólo era cuestión de gustos y en ese momento no me interesaba la poesía, no sabía que Mireya estaba en una etapa diferente en su vida, en su despertar, en la búsqueda de su verdad, había iniciado su camino espiritual.

Ella siguió en esa sección y yo empecé a caminar por mi cuenta, fui a la planta baja y caminé sin rumbo, viendo los colores en las portadas de los libros. Sentí que alguien se acercó, era uno de los que atendían en la liberaría y tenía un libro en su mano, me lo extendió y me dijo: "Este libro podría ser buen comienzo, es sencillo y te ayudará a adentrarte en esta nueva etapa."

Lo tomé, el libro era muy delgadito, tanto que me animé a comprarlo porque seguro lo terminaría rápido. Fui a pagar y la persona que me estaba cobrando me dijo: "Qué buena elección."

El libro se llamaba *Siddharta*, de Herman Hesse.

A la fecha, es el libro que más recomiendo —después de *Una nueva tierra* de Echkart Tolle—, porque abrió en mí una nueva posibilidad y sus palabras fueron una guía en mi despertar cuando todavía no sabía qué era o que pronto lo estaría viviendo. En ese momento sin saberlo la vida me estaba preparando para lo que venía. Así empezaban a llegar señales en un nuevo camino que en ese momento era completamente desconocido para mí. Mireya en ese momento ya había iniciado su despertar, un año más tarde me presentó a una amiga de Rumania que, como yo, estaba apenas iniciando en este camino.Las dos habíamos decidido vivir al norte de la isla de Koh Phangan, en Tailandia, y en el momento que más lo necesitaba, me acogió en su casa estando en Tailandia.

No volví a hablar con Mireya, pero sé que actualmente se enfoca en acompañar a mujeres a conectar con su feminidad. No estoy segura si sigue en Genpact o trabajando para algún corporativo, pero desde ese momento en que fuimos juntas a la liberaría todo ha cambiado para las dos. De alguna manera, esa visita a la liberaría fue un portal a una nueva vida que todavía no podía ver.

Después de este momento, otros libros empezaron a aparecer como si me estuvieran guiando y acompañándome; todo empezó a moverse muy rápido.

No lo sabía, pero mi despertar era inminente.

El despertar espiritual puede ser muy diferente para todos, al darte cuenta qué estás pensando, reconoces una voz en tu mente, te vuelves el observador por un segundo y desde ahí tu percepción cambia completamente.

Es posible que te des cuenta de este espacio que se crea cuando, por ejemplo, ves el atardecer, el mar, estás en la naturaleza o en una profunda relajación, eso mantiene a las personas en un momento de paz y te libera de la corriente de pensamientos en la que has estado. Por un momento se abre un espacio entre cada pensamiento, un vacío, y entra un destello de consciencia. A todos nos pasa, es lo que nos mantiene sanos a nivel mental. Son destellos para volver a conectar con nuestro Ser superior, con la consciencia, son espacios que se crean en nuestro día a día.

Pablo d'Ors, autor del libro *Biografía del silencio*, describe el despertar de una forma muy concreta. Despertar es descubrir que estamos en una cárcel. Pero despertar es también descubrir que esa cárcel no tiene barrotes y que, en rigor, no es propiamente una cárcel. En el despertar comenzamos a preguntarnos, ¿por qué he vivido encerrado en una cárcel que no lo es tal? Una paradoja muy compleja, pero, a la vez, fascinante. Hacer meditación es ese momento en el que salimos de la cárcel mental, es descubrir que la puerta nunca ha estado cerrada, que eres tú quien la ha cerrado con doble vuelta de llave. Te la has inventado, ahí estaba la ilusión.

La película de *The Truman Show* hace referencia a esta analogía. Esta película trata sobre una persona que es grabada desde que nació y alrededor de la cual hacen un programa de televisión, todas las personas que forman parte de la vida de Truman, el protagonista, son actores pagados, la ciudad en la que vive es un enorme set de filmación y todo a su alrededor está construido para propósitos de entretenimiento. Lo fascinante de la película es que Truman es el único que no sabe que está siendo grabado, es la estrella de su propio show sin saberlo. Durante la película, Truman empieza a cuestionarse sobre su vida a partir de un evento específico: desde el cielo cae una lámpara de cine y a pesar de verlo y hacérsele súper extraño, en la radio escucha una explicación lógica sobre esto, que fueron las piezas de un avión y cómo volar también se ha vuelto muy peligroso; de esta forma, Truman justifica los hechos, a pesar de que algo en su interior no queda del todo satisfecho, aquí empieza el despertar del personaje.

Algo muy interesante es que el director de este show está generando miedos en él para que no intenté viajar o salir de la isla porque ahí es donde está todo el set. Truman comienza a poner atención a su alrededor y se confunde en la realidad en la que está, sabe que algo está ocurriendo y decide contarle a su mejor amigo que quiere escapar de la isla —quien es también un actor y el encargado de convencer a Truman de quedarse.

El programa de televisión sólo funcionaría si Truman continúa creyendo su falsa realidad. La ilusión en la que ha sido puesto. Y los miedos son el ancla que lo están manteniendo en ella para no descubrir su verdadera esencia. Finalmente, Truman va despertando gradualmente de esta ilusión, las mentiras se vuelven cada vez más evidentes y empieza a notar las fallas en el sistema que lo llevan a cuestionar su existencia, como la aparición de su padre que ya había muerto o la memoria de que en alguna ocasión una mujer ya le había advertido que toda su realidad era una gran mentira. Sabe que hay una verdad oculta.

Después de intentar irse en avión y en bus decide hacerles creer que volvió a la normalidad, pero en realidad estaba planeando su escapada en velero. A pesar de una tormenta bastante planeada, él sigue navegando y después de unos minutos el velero topa con el cielo falso. Todas sus sospechas ahora están confirmadas, se encuentra una rampa y empieza a caminar en ella y sube por una escalera y encuentra una puerta que dice "salida", abre la puerta y se despide. Ése fue el despertar para Truman y el inicio para asumir la responsabilidad de su vida.

La naturaleza de la mente es generar ilusiones, la mente reactiva es el director del show, así es como se nos permite funcionar en esta realidad. Las ilusiones pueden ser tan fuertes que no nos damos cuenta de la cárcel o del juego en el que estamos envueltos, sólo nos damos cuenta del vacío que existe en nosotros. Cuando despertamos descubrimos que existe algo más allá de nuestra mente que es la consciencia interior, y entre estas dos hay un sinfín de decisiones. Ahí habita nuestro libre albedrío, donde podemos elegir si seguimos por la ilusión o vamos a nuestro interior para vivir y experimentar esta paz. El proceso inicia con nuestro autoconocimiento, una búsqueda que inicia en la curiosidad.

2. Una mente curiosa

En un viaje interior siempre vas más y más profundo,
y cuanto más profundamente entras,
más verdad encuentras.

En el 2022 decidí regresar a Bali, era mi tercera visita a la isla, no había regresado desde el 2017 cuando pasé una gran temporada por allá. Esta vez haría conexión en Singapur y aproveché para quedarme 4 días antes de llegar a mi destino final. Hace mucho tiempo no tenía esa sensación de conocer un nuevo lugar, me sentía bastante cómoda yendo a los mismos países, pero elegí salir de mi zona de confort y aventurarme antes de llegar a Bali.

Era agosto y Singapur en verano puede llegar a sentirse bastante caliente por sus 31 grados centígrados y la humedad, aun así quería aprovechar para conocer la ciudad, estuve yendo a varios parques famosos, lugares que había que tachar de la lista, y el último día me fui a Little India, el barrio donde se encuentran comercios, comunidades y restaurantes de la India. Estaba buscando encontrar algo más cultural y tenía muchas ganas de probar la comida tradicional hindú, seguro que, al estar más cerca de este país, la comida iba a estar espectacular. Amo la gastronomía de la India, solía comerla seguido cuando vivía en Praga, un amigo del trabajo me llevaba a un lugar que era muy bueno y desde ahí, cada vez que tengo la oportunidad, me gusta probar sus diferentes platillos.

Vi un lugar donde había fila para entrar, se movía rápido y no había ningún turista, así que no lo pensé dos veces y me formé junto a los locales. El lugar era bastante sencillo, cuando el mesero llegó, le pregunté cuál era el platillo más pedido y me señaló en el menú algo que nunca había probado, así que le pedí eso, era una Masala Dosa rellena de papa, una especie de crepa gigante. Estaba encantada con el lugar, sentía que no sólo estaba probando comida típica, sino que por fin había encontrado algo de cultura en Singapur.

Salí de ahí y empecé a explorar el barrio. En esa misma calle me topé con un templo muy colorido, había mucho ruido por fuera, como de campanillas, vi imágenes de deidades que tenían caras que, a mi parecer, eran demoníacas, todas coloridas y muy expresivas. El templo era muy grande y me daba cierto miedo entrar sola. Empecé a rodearlo, me acerqué a las estatuas de colores y mi cara debió de verse bastante sorprendida porque un hombre mayor se acercó y me preguntó si era mi primera vez en un templo hindú. Claramente era mi primera vez viendo uno y estaba fascinada. Me dijo que si quería entrar y sin pensarlo le dije que sí. Minutos antes justo estaba pensando que si alguien estuviera conmigo me animaría a entrar. Esta persona era de Singapur, había viajado por todo el mundo trabajando para una multinacional, después, siendo empresario y ahora con 70 años, había regresado a vivir a Singapur.

Nos acercamos a la puerta principal, el ruido de las campanillas no paraba, antes de entrar nos quitamos los zapatos y los dejamos afuera, no había suficiente lugar para dejarlos en una cajonera así que los dejamos en el piso. Adentro olía a incienso y las campanillas que sonaban afuera aquí era aún más fuertes, me llevó directamente adonde estaban las deidades y me fue explicando cada una de ellas, todas eran muy diferentes. La que más me impresionó fue Periyachi Kali Amman, una deidad que se venera específicamente en Singapur y Malasia. Al verla te transmitía fuerza y, en cierto modo, un poco de miedo por su poder.

La imagen estaba coloreada en tonos rojizos, negros y amarillos. Tenía 8 brazos y en cada uno sostenía diferentes elementos; mientras yo observaba impresionada, la persona que se había vuelto mi guía explicaba cada elemento en la imagen de esta diosa, en una mano tenía una cuerda, en otra un tambor con una serpiente, en otra una espada, en la otra un recipiente lleno de sangre. Con las dos manos delanteras se le veía abriendo el abdomen y el útero de la reina. Mientras en su boca comía sus intestinos sosteniéndolos con otras dos manos. Ya te imaginarás mi impresión al verla, pero, lo que me dijo esta persona, es que justo esa apariencia demoniaca es lo que ahuyenta a los espíritus malignos. Qué curioso, ¿verdad?

Al salir me dijo su nombre: James y preguntó a qué me dedicaba y le comenté que tenía una membresía de meditación, él me platicó que en sus últimos 30 años había dedicado su vida a la meditación, le dije que me encantaría conocer lo que había aprendido. Nos fuimos a un restaurante que estaba cerca, yo acababa de comer, pero estaba muy interesada en la conversación que habíamos iniciado, me empezó a explicar sobre la mente, los pensamientos y las diferentes corrientes de meditación que existían. Esa tarde mi viaje a Singapur se volvió toda una experiencia mística.

Llegó la comida de James, mi nuevo maestro: unas lentejas y una pizza en un restaurante hindú que se veían bastante bien. Después le pidió al mesero que le pasara una pluma, sacó una pequeña libreta que llevaba con él y arrancó una hoja, entre palabras empezó a dibujar y a resumir lo que estaba diciendo.

"El 70% de nuestros pensamientos son pensamientos que se desperdician, son pensamientos que no te llevan a ningún lugar, simplemente son pensamientos irrelevantes.

Éstos son los 5 tipos de pensamientos que normalmente tenemos:

- Los necesarios.
- Los ordinarios.
- Los que son basura o un desperdicio.
- Los negativos.
- Los positivos.

Los pensamientos que habrá que cultivar son los positivos y para eso debemos entrenar nuestra mente, o más bien, nuestro intelecto. La tarea es primero observarlos para reconocerlos." Comió un poco y después me explicó que existen 3 componentes principales en la meditación, arrancó otra hoja de su liberta y dibujó el siguiente triángulo para explicar mejor su idea:

Mente o monitor

Mente subconsciente o
banco de datos

El intelecto o mouse

"En la punta de arriba del triángulo está nuestra mente, que es el monitor, del lado izquierdo se encuentra nuestra mente subconsciente, que es el banco de datos, y del lado derecho está el intelecto o el *mouse*.

Lo que nos va a ayudar a seleccionar los pensamientos que queremos tener es nuestro intelecto, el intelecto es lo que hay que entrenar, es el discernimiento, nuestra soberanía, el observador.

La meditación, más allá de ser una técnica para reducir el estrés, es una tecnología milenaria para aprender el juego de la vida. Teniendo en cuenta que los pensamientos crean todo, incluso nuestra propia existencia, es prioridad tomarnos el tiempo día a día para entrenarlos y conducirlos hacia esferas más elevadas de consciencia.

Al ser capaz de observar tus pensamientos, podrás seleccionar aquellos que están llenos de drama, los que te mantienen en el pasado, o los que definitivamente son negativos y no te están contribuyendo en tu realidad.

Cuando te sientas a meditar y eres constante, esta capacidad se va desarrollando, pero no es una pastilla mágica, de hecho, esta práctica espiritual es algo que debe realizarse, al menos, una vez al día."

Mientras disfrutaba de su comida hablaba con serenidad y añadió: "Todos los días recibimos nuevos datos en nuestra mente subconsciente, el tráfico en el que te toca estar todas las tardes, el niño que gritó en la tienda, la serie que estás viendo, la música que estás escuchando, la comida que comes, lo que lees, la persona con la que hablaste hoy, el lugar donde vives, los sonidos en tu casa, las palabras que escuchas, todo eso son datos que almacenamos en el subconsciente. Son los 1 y 0 de nuestra computadora, el código del juego en el que vivimos, lo que llega a tu mente subconsciente y que no logramos percibir.

Todo se queda registrado como puntos sin unión, y cuando pasa algo en tu ambiente y te toca responder, estos datos se unen y crean una reacción que llega a tu mente y te conduce a resolver la problemática. Pero, muchas veces, a pesar de recibir estos datos diariamente, nuestro intelecto no está tan afinado y empezamos a generar sufrimiento hacia nosotros y hacia los demás con nuestras reacciones o acciones, es decir, respondemos de manera inadecuada o errónea."

James toma una nueva hoja y prosigue: "Por ejemplo, una persona que fuma ya no está usando su intelecto, simplemente está actuando basada en un estímulo exterior, el cual va directo al banco de datos; el subconsciente toma la reacción inmediata para ese estimulo y lo proyecta a la mente, de esta forma, en automático, cuando huele un cigarro, el cuerpo le pide uno como reflejo a su mal hábito."

Yo me quedé pensando en lo impresionante que era, me di cuenta que toda la vida hemos pensado que nosotros tomamos las decisiones, cuando todo fue elección de un mecanismo automático en nuestro cerebro que funciona bastante bien y de un código de datos que se han ido recopilando durante el tiempo.

"Pero, no te angusties —me dijo—, hay formas de tomar las riendas de nuestros pensamientos y acciones, por ejemplo, cuando una persona inicia con alguna práctica de meditación, ésta genera un espacio entre el estímulo que recibe del exterior y cómo responderá, así, se genera un espacio donde uno realmente puede elegir y no tu mente subconsciente.

En ese espacio esta nuestro poder, nuestro discernimiento, nuestra soberanía, el mouse que selecciona qué se queda y qué se va.

Cuando uno se da cuenta de esto empiezas a hacerte preguntas como:

¿Quién soy yo?

¿Realmente quiero este cigarro?

¿Qué pensamiento está pasando por mi mente en este momento?

¿Qué está disparando esta sensación?

A esto nos referimos cuando hablamos de ser co-creadores de nuestra realidad, no sólo basta con pensar en lo que queremos, sino trabajar en ello desde el interior.

Para este paso, es importante identificar qué es lo que hemos estado pensando y trabajando los últimos años, hacer una introspección es el primer paso, y la forma más sencilla de hacerla es viendo tu exterior, aunque parezca contradictorio. Me explico, tu exterior es lo que has ido creando, lo que ya se está mostrando en el monitor, ya sea en forma de pensamientos o en tu realidad exterior: tu trabajo, tus relaciones personales, tus pasatiempos, hábitos, pensamientos recurrentes, emociones dominantes, etcétera.

La forma en cómo puedes cambiar esto es aprendiendo a observar primero tus pensamientos y eso se logra con la meditación. Imagina un tablero de ajedrez, están las piezas blancas y negras y tú eres la persona que tiene el poder de mover cada una, algunas veces te tocará jugar con las piezas negras, en otras con las blancas, lo importante es cómo serán tus jugadas.

El tener una práctica espiritual tiene el objetivo de recordarte todos los días tu verdad, lo que eres, tu parte divina, recordarte que eres el jugador y no sólo las piezas.

Nos han acostumbrado a pensar sólo en las piezas, los estímulos externos, lo que tenemos a la mano para construir nuestro juego, y no somos conscientes de que cada pieza se mueve de manera independiente, las piezas son eventos fortuitos que se presentan y depende enteramente de nosotros el saber qué hacer con ellas."

Mi nuevo maestro de vida hablaba de una manera tan consciente y apacible que las horas que pasamos en aquel pequeño restaurante se me hicieron apenas unos minutos. Cuando terminó de compartir su sabiduría, me dijo que al día siguiente me podía dar libros antiguos que él ya no iba a utilizar. Varios de estos libros tenían información más detallada de lo que acababa de compartir y con gusto me los podía regalar. El problema era que al siguiente día yo volaba a Bali, entonces le comenté que, en dos meses, cuando acabara mi estancia en Bali, regresaría por ellos, él me escribió su contacto y nos despedimos.

Sin duda, James era el maestro que había pedido en mi viaje y agradecí por haber conectado de esa manera con él.

Mi curiosidad sobre la vida me ha llevado a estar en constante aprendizaje, viajando y leyendo mucho. Esto me ha permitido conocer a diferentes maestros, lugares y tener muchas experiencias. Los libros son un portal al que todos tenemos acceso y que te permiten acceder a la sabiduría de otros y almacenarla en tu propia consciencia.

Hay un libro que me leo cada año como un acto de no olvidar los aprendizajes esenciales sobre la creación de mi realidad, el poder creador que todos tenemos y la frecuencia en la que estoy en ese momento.

El libro es *Pide y se te dará* de Abraham Hicks y hay un mensaje que me recuerda este poder que está en mí y lo que puedo permitirme crear:

Bienvenido al planeta Tierra, pequeño. No hay nada que no puedes ser, hacer o tener. Eres un creador magnífico y estás aquí por tu poderoso y deliberado deseo de estar aquí.

La mayoría de tu tiempo aquí será para recibir datos, información que te ayudará a decidir qué es lo que quieres, pero tu trabajo real es decidir lo que tu quieres y después enfocarte en eso, porque es a través de enfocarte en lo que quieres, lo que atraerás. Ése es el proceso de creación.

Por eso se dice mucho que tus 20 son una exploración constante, tanto de ti como persona, como de las diferentes experiencias que te da la vida, después de haber tenido diferentes experiencias y haber nutrido tu mente subconsciente llegará el momento de decidir qué es lo que quieres crear para tu vida. Por eso no importa que esto te tome 1 año, 5 años o 20 años, es el camino en el que todos los seres estamos al momento de ser creadores de nuestra realidad.

La primera vez que me senté a pensar qué quería para mi vida tenía 28 años. A pesar de haber cumplido varios sueños como trabajar en una multinacional o vivir en Londres, no lo había hecho tan intencional como esa vez. Recuerdo que me senté en mi departamento, compré cartulinas, plumones y hojas donde escribía lo que quería para mi vida, sabía que pronto mi vida en mi trabajo terminaría, aunque no sabía cuándo, me estaba preparando para soñar algo más grande.

Tardé un mes para terminar mi visión, muchas cosas se sentían tan imposibles que hasta me daba miedo escribirlas. Yo seguía trabajando para SABMiller, así que pensar en tener una empresa todavía se sentía muy lejano, el vivir en cualquier país con el dinero generado por mis propias empresas era un cuento de fantasía para mi mente.

Aun así lo escribí sin saber cómo iba a ocurrir. La sala, mi cuarto, mi baño, todo estaba lleno de *post-its* con la vida que estaba creando para mí. Principalmente mi sala era un lugar donde había cartulinas por todos lados. En ese entonces no sabía lo que era un *vision board*, todo lo hice intuitivamente, de hecho, no puse fotos en ningún lado, sólo eran palabras y textos con marcadores. Esto me ayudó a poner en papel mis curiosidades, lo que quería explorar, desde las rutinas y hábitos que quería tener, hasta el tipo de empresas o viajes y cómo quería contribuir en el mundo. Había recibido ya muchos datos que me habían ayudado a saber qué es lo que quería en mi vida de ahora en adelante.

El haber escuchado esa voz unos meses atrás en el festival era la certeza que necesitaba para saber que algo más grande me esperaba y debía hacer cambios importantes en mi vida.

Cuando terminé de escribir lo que quería crear para mi vida, me di cuenta que lo que realmente estaba buscando con los nuevos proyectos —aquello de vivir en otros países, crear mis empresas—, era tener ingresos propios, un estilo de vida que me generara paz y satisfacción.

Mi día se veía como algo así en papel:

Hoy me levanté a las 6 a.m. para ir a yoga, me levanto por decisión propia, no por tener que ir a un trabajo, después de yoga desayuno lento y en presencia. Me preparo para tomar mis primeras reuniones en mi empresa, después de unas cuatro horas decido terminar mi día laboral y disfrutar de la ciudad en la que esté y salgo con amigos que también están en este camino de crecimiento. Regreso a casa para preparar mi cena no puedo evitar sentirme abundante y agradecida por el día.

Es algo tan sencillo, nada de carros o de lujos, mi intención era encontrar la libertad de elegir todos los días una vida en armonía y donde la libertad financiera fuera un recurso que facilitara las experiencias que quería vivir y el permitirme seguir creando. Algo que tenía claro es que la empresa que creara tenía que estar alineada a esta libertad descrita, es decir, una empresa digital y remota.

En mi mente se veía algo tan lejano ya que jamás había emprendido, tampoco conocía un estilo de vida donde pudieras trabajar sólo 4 horas al día. Simplemente lo escribí porque era lo que genuinamente quería experimentar en esta vida.

Cuando lo tuve claro, empecé a crear ciertas cosas en mi día para que mi cuerpo supiera que lo estaba viviendo, aunque fuera una hora al día. No pasó mucho tiempo para que todo mi día la pudiera vivir como lo había descrito aquella vez. Esto en mi vida ahora es la norma y no sólo una visión.

Cuando acompaño a más personas a diseñar su vida, siempre les digo que se enfoquen más en cómo se ve un día, cómo se siente para ellos, el enfoque no está en el resultado, porque lo vida está pasando en el día a día, el trayecto es lo importante, no el destino.

La curiosidad te puede llevar por muchos caminos interesantes, incluso, entre más curiosidad tengas en quién eres, te darás cuenta de tu capacidad creadora y verás la vida como un gran juego, una gran obra de teatro que estás dirigiendo. Mantente curioso y descubre tu propia capacidad de crear. Ahora es tu turno de crear, no hagas que este proceso sea abrumador, imagina un solo día, qué harías al despertar, con quién tendrías una conversación, qué alimentos comprarías, qué olores estarían presentes a tu alrededor, qué tipo de trabajo o llamadas tendrías, serían de tu propia empresa o trabajando en algún proyecto que amas, cómo te sentirías después de esa llamada o de terminar tu trabajo, eso es lo que realmente importa, el proceso, la intención con la cual haces las cosas y que cada momento sea apreciado por lo que es, un destello de lo divino, un pedazo de amor, un eterno momento presente.

La magia ocurre cuando empiezas a tener mayor claridad de lo que quieres experimentar en tu vida, tu claridad es tu forma de pedir al universo y tu enfoque es la señal del compromiso que tienes con eso que quieres. La vida pronto te empezará a recompensar y muchas veces te sorprenderás de la cantidad de sincronicidades que ocurren para que esto te sea dado. Sólo recuerda que una llave fundamental en este proceso es tu curiosidad.

Recuerdo que desde muy pequeña tenía miedo de hacer preguntas, cuando no entendía algo sentía que tenía que guardármelo o si no, habría problemas, y no estaba dispuesta a ir por ahí.

Habré tenido unos 7 años cuando las historias sobre cómo fue creado el mundo no me hacían sentido, el Credo que nos enseñaban en la iglesia no lo sentía bien, no comprendía por qué teníamos que ir a misa todos los domingos si dentro de la casa teníamos un caos familiar. Vengo de una familia católica y a pesar de que mis padres eligieron un colegio laico, todas las prácticas que llevaba por fuera involucraban al catolicismo. Como les conté al principio, cuestionar constantemente estas prácticas me metió en muchos problemas, tantos que a los pocos años dejé de hacer preguntas, elegí no creer en algo que se vivía con incongruencia, dejé de interesarme por la profundidad de lo que me enseñaran. Son momentos como estos donde empezamos a dejar de preguntarnos, es el momento donde empezamos a entrar en las doctrinas de los demás, las creencias y la cultura. Lo cual es necesario, de cierta manera, para ser funcionales en el sistema en el que vivimos, pero hay algo que a muchos se les olvida en este proceso y eso es hacernos preguntas. Mantener una mente curiosa.

En preparatoria recuerdo que llevábamos filosofía y el libro que a todos nos hicieron leer fue *El Mundo de Sofía*, este episodio en mi vida lo recuerdo muy vagamente, pero siento que fue una ocasión donde alguien trataba de hacernos cuestionar la vida como cuando tenía 7 años, la diferencia es que ahora tenía 16 años y mis preocupaciones eran otras. A pesar de eso, recuerdo que la clase me sacaba de estas preocupaciones y me ponía a ver el mundo desde una perspectiva diferente, a pesar de no entender mucho.

Una de las frases del libro que recuerdo vívidamente dice:

Lo único que necesitamos para convertirnos
en buenos filósofos es no perder
la capacidad de asombro.

Sócrates quería lograr que la gente dejara de imponer el conocimiento a través de la mitología como lo habían hecho muchos textos sagrados y empezaran a adquirir conocimientos a través del pensamiento estructurado. De ahí viene el método socrático que se basa en: ¿Cómo puedo indagar y cuestionar a la gente para que ellos mismos lleguen al conocimiento y yo también llegue al conocimiento nuevo a través del cuestionamiento y el hacer las preguntas correctas?

Para tener un pensamiento filosófico hay que cuestionarse sobre las cosas. La intención de todo el libro era desarrollar esa habilidad. Sofía pensaba que era real dentro del libro, ¿nosotros también lo somos? ¿Qué es real? ¿Somos parte de la historia de alguien más?

Otro fragmento del libro que nos invita a lo mismo es éste:

El verdadero conocimiento tiene
que salir del interior de cada uno.
No puede ser impuesto por otros.
Sólo el conocimiento que llega desde adentro
es el verdadero conocimiento.

La única forma de mantenernos en asombro constante de aprendizaje para llevar luz a esos lugares de los cuales no somos conscientes es a través de la curiosidad. La curiosidad viene de observar la vida, de detenernos por un momento y

ser capaces de hacernos preguntas. Justo en los últimos capítulos de *El mundo de Sofía,* una de las preguntas es: "¿No
es precisamente cuando nos preguntamos esas cosas cuando
más nos sentimos vivos?" Preguntas como: ¿Quién soy? o
¿De dónde viene el mundo? aparecen también durante un
despertar de consciencia.

En este proceso la clave son las preguntas, éstas son
más importantes que las respuestas, el objetivo es empezar
a pensar y observar estos pensamientos, porque cuando te
haces una pregunta se detona un proceso de pensamiento y
ése es el aprendizaje.

Empezamos a cambiar la manera de ser a través de las
preguntas que nos hacemos. Cuando estoy con mis clientes
insisto mucho en su capacidad de desarrollar preguntas, es
algo natural en nosotros, sólo que la habilidad la tenemos
algo empolvada.

Este libro también es una guía para que despiertes esta
habilidad olvidada.

Agenda en tu calendario unos 30 minutos para caminar y empezar a hacer preguntas, procura que la ruta que
tomes sea diferente a la que normalmente haces.

Éstas son algunas de las preguntas que puedes usar
durante tu caminata, procura usar sólo una por cada paseo,
recuerda que la intención no es buscar respuesta, simplemente
ver a dónde te llevan tus pensamientos.

- ¿Cómo puedo servir al planeta?
- ¿A qué me quiero comprometer?
- ¿Cuál es mi yo del futuro a nivel macro?
- ¿Cómo puedo hacerle la vida mejor a alguien más?

• ¿Cómo puedo dejar el planeta mejor de lo que lo encontré?

• ¿Qué es lo que realmente quiero en este momento?

• ¿Cómo creo una empresa que impacte positivamente a 10 millones de personas?

• ¿Qué es lo que requiere el mundo para vivir con mayor bienestar?

Esto es sólo una guía, tus preguntas serán diferentes de acuerdo con tu situación personal, la idea es irte entrenando para cuestionarlo todo.

Algo importante, evita las preguntas que te hagan dudar de ti, todas las preguntas anteriores vienen desde un lugar de seguridad que es posible, no de duda. Evita estas preguntas:

• ¿Será que puedo hacer esto?

• ¿Por qué a los demás si les funciona y a mí no?

• ¿Qué pasa si a mí no me resulta?

• ¿Seré lo suficientemente buena?

• ¿Por qué me pasa esto a mí?

Si te das cuenta, el primer bloque de preguntas ya tiene implícito el hecho de que va a suceder, así, tu enfoque es en el cómo y en lo que se requiere para que esto suceda en tu realidad. La energía es de seguridad, no de duda como el segundo bloque de preguntas, que tiene una energía más densa y de victimismo.

Lo importante es entrenar a tu mente para hacer preguntas desde un lugar de confianza en ti y en la vida para ir fortaleciendo tu curiosidad sin que haya juicio detrás. Podrás saberlo de acuerdo con el tipo de preguntas que te hagas, unas vienen desde una mente reactiva y otras desde la mente creativa.

Cuando inicié mi transición de trabajar en un corporativo hacia emprender noté que la mentalidad de un emprendedor era diferente, tuvieron que pasar al menos 5 años para darme cuenta de lo más importante y que se puede expresar bastante bien con un mensaje de Abraham Lincoln: "Dame 6 horas para cortar un árbol y pasaré 4 afilando el hacha."

Esto nos habla del principio 80/20. 80% de tu tiempo es para pasarlo aprendiendo, pensando, reflexionando, creando una estrategia y teniendo conversaciones para recibir *feedback*.

Es decir, 80% es para aprender, transformar y cambiar tu pensamiento, tu forma de ver la situación, revisar tu estrategia y desarrollar tus habilidades, y 20% es para realmente hacer el trabajo. Sentarse y trabajar. Estamos acostumbrados a que el trabajo es cortar el árbol, estar enfrente de la laptop, y cuando estamos caminando, haciéndonos preguntas o teniendo conversaciones lo consideramos como una pérdida de tiempo cuando en realidad es lo que nos está preparando.

Este principio te ayuda a ver que ese 80% afilando el hacha sirve para mejorar tu proceso de pensamiento y tu estrategia, mejorar cómo piensas las cosas y seguir creciendo, el 20% es sólo hacerlo, ejecutar lo antes aprendido.

Cuando ya llevaba 5 años emprendiendo me di cuenta de que tenía más tiempo libre y pasaba mucho tiempo leyendo, aprendiendo nuevas habilidades y poco tiempo en la operación y eso me hacía mucho ruido, me hacía sentir incómoda, que no estaba haciendo nada de valor.

No lo estaba viendo en ese momento y me llenaba de culpa y de vergüenza, ¿cómo era posible que me podía tomar hasta una hora diaria sólo para caminar?, hora y media para hacer yoga, otras dos horas para investigar, estudiar y hacerme preguntas. Terminaba estando en mi computadora solo de 7 am a 10 am.

Poco a poco fui aceptando y abrazando mi nuevo estilo de vida y me di cuenta de la importancia de mejorar tu proceso de pensamiento, todo lo que hacía durante el día me nutría para tomar mejores decisiones y para que, cuando me sentara a hacer un trabajo profundo, ya tuviera todas las ideas en mi mente, mejores soluciones llegaban y lo más importante, había claridad de hacia dónde tenía que ir. Mi preparación estudiando, leyendo, descansando era tan importante como una hora en sesión con un cliente o escribiendo este libro.

Estaba transitando a una etapa diferente de mi vida. Estaba descubriendo una nueva forma de crear, mi realidad de trabajar de 8 a 5 hacía mucho tiempo había dejado de existir.

Caminar empezó a ser mi mejor estrategia para mejorar mi proceso de pensamiento. Esto se volvió parte de mi 80%, es como puedo afilar el hacha de la cual habla Abraham Lincoln.

¿Cómo preparar nuestra mente para hacernos mejores preguntas y estar abiertos a recibir guía y escuchar el flujo de la vida? En el budismo se dice que meditamos para aprender a vivir desde la mente creativa e ir reduciendo el poder de la mente reactiva o la que va en automático. La mente reactiva está dominada por experiencias del pasado, condicionada a patrones de pensamientos. Éste es un obstáculo en nuestro crecimiento personal y en el proceso de crear preguntas.

La mente creativa te ayudará a generar nuevos pensamientos e ideas. Nos da la capacidad de ver cosas en una nueva forma y estar abiertos a nuevas posibilidades y perspectivas. También te ayudará a tener una nueva perspectiva del mundo y a encontrar mejores soluciones para las situaciones en tu vida.

Te comparto 5 formas de entrenar tu mente creativa basados en la filosofía budista.

• Cultiva tu curiosidad: Leer libros o ver documentales sobre temas que te resulten interesantes mantendrá tu curiosidad despierta. Cuando converses con alguien mantente abierto a las diferentes opiniones y al aprendizaje, nunca sabes lo que alguien te puede enseñar. Explora nuevas actividades, hobbies o lugares que te resulten interesantes.

• Deja ir los apegos: Deshazte de objetos materiales que no necesites, si puedes, dónalos a alguien que los necesite, comparte y construye. También aplica para un cambio importante en tu vida, mudarte de ciudad, salir de un trabajo que ya no te aporte nada o terminar una relación a tiempo. Todos los momentos de la vida son un regalo para desarrollar nuevas virtudes. Aprende a cerrar y a dejar ir sólo así podrás avanzar.

• Meditar: Para esto es bueno que encuentres momentos durante tu día para hacer pausas conscientes, es decir observar tu estado mental y emocional en silencio. También puedes usar una meditación guiada para que tu práctica sea más sencilla o el enfocarte en tu respiración por 10 minutos será suficiente si apenas estás iniciando. La intención es que tu mente tenga un espacio para responder de forma creativa a la vida.

• Practicar el no juicio: Evitarás estancarte en patrones de pensamiento y de comportamiento. Cuando estés en una conversación antes de emitir un juicio sobre los demás, considera sus perspectivas, su contexto y sus experiencias de vida. Observar tus propios pensamientos y emociones sin juzgarlos como buenos o malos te ayudará a ser más compasivo contigo y con los demás.

• Estar en el momento presente: Esto te ayudará a entenderte y al mundo aumentando tu creatividad. Algo sencillo que puedes hacer es caminar y observar tus pasos, la sensación de tus pies y todo lo que te rodea. También al estar en una conversación pon atención a la persona que tienes enfrente, evita distraerte con pensamientos y escucha.

La única forma de mantenernos evolucionando y creciendo como personas es a través de cultivar una mente creativa. Es un proceso de autoconocimiento constante donde podemos explorar cada vez más quiénes somos y hacia dónde queremos ir. Las preguntas nos indican en dónde estás poniendo tu atención en este momento y al hacerlas estás permitiéndote descubrir un nuevo mundo. Estás explorando nuevas coordenadas en la consciencia y las respuestas se te empiezan a mostrar en tu vida.

Cuando ciertas personas llegan a tu vida y forman parte de las respuestas a las preguntas que iniciaste, te das cuenta que son portales a nueva sabiduría, a la consciencia y a ti.

Estas personas te empiezan a ayudar en este nuevo camino, con un mensaje, con un libro, con una palabra, con una mirada, con un gesto, con el apoyo que te dan. Se vuelven los portales a tu nueva realidad y sólo requieres estar abierto a recibir la ayuda que la vida te está enviando.

A estas personas las hemos llamados mentores, maestros, amigos, ángeles en la tierra o simplemente un desconocido que entra a tu vida. Todos hemos tenido a alguien, ya sea un profesor en la escuela que vio potencial en ti, alguien que con sus palabras te ayudó a decidir tu carrera profesional, o en tu trabajo alguien está apoyando tu iniciativa.

En mi vida me he encontrado con muchas personas de este tipo, primero mis padres, después maestros, más adelante mis jefes y al final mis amigos. Nunca les puse el nombre de mentores o maestros, para mí, eran gente que me inspiraba, pero con el tiempo me di cuenta que ese tipo de personas son mentores que te guían y te permiten ver tu potencial y te muestran el camino.

Cuando te mantienes con una mente curiosa, sin juicio, en el momento presente, puedes reconocer desde la humildad que es imposible tener todas las respuestas y que allá afuera hay personas que han pasado por donde estás ahora y, aunque no es el mismo contexto, te pueden ayudar a ver una ruta de mayor facilidad. Estás abierto a la ayuda divina y tu visión del mundo se expande a través de los demás.

Cuando empecé a viajar sola, a mis 18 años, me di cuenta de cómo cada persona era un mundo; por ejemplo, cuando estamos en la primaria y en la secundaria, todos vamos creciendo con los mismo amigos y compañeros de clases, todos nos moldeamos más o menos con las mismas creencias o mentalidades, a pesar de que cada uno tenga un contexto y una familia diferente. Al final, estamos siendo educados en la misma institución y en el mismo país, también nuestro nivel socioeconómico se parece cuando estás en cierto colegio y tus valores o experiencia de vida se va pareciendo a la de los demás.

Lo que sucedió la primera vez que salí del país y llegué a estudiar a Manchester fue que noté esa diferencia de mentalidad, de valores y de creencias. En la escuela donde estaba había personas de Arabia, Colombia, Venezuela, Chile, China y otros países. Era la primera vez que salía de mi círculo de confianza.

El permitirte interactuar con personas con un contexto cultural tan diferente era como leer un libro de historia contemporánea, para mí era una forma mucho más dinámica porque escuchaba su experiencia con atención y curiosidad.

Me di cuenta que la forma en la que aprendía era a través de escuchar las historias de otras personas, ahí noté que cada una me permitía conocer una parte más profunda de mí —si realmente ponía atención—, me daba acceso a otra parte de la consciencia, un portal a otra dimensión. Cada conversación fue lo que hizo que quisiera conocer más y más el mundo exterior, y sin saberlo, esto me llevaría a explorar mi mundo interior.

Las personas son portales que te muestran más de tu mundo que no puedes alcanzar a ver. Es una forma de observar constantemente. Fue justo en ese momento donde me enamoré de aprender a través de los demás y a estas personas decidí llamarlas mentores. Tu podrás tener tu forma de acceder a este tipo de información ya sea a través de libros, de una película, de YouTube, de algún maestro o de alguien que admires. Todas las formas son correctas.

Un mentor te permite acceder a la información a través de su experiencia, es como una luz que te está ayudando a recordar cómo navegar mejor las diferentes áreas. Esta persona ve potencial en ti, cree en ti, te da su tiempo para que crezcas y de alguna manera se ve reflejada en ti y quiere ser parte de tu camino y acompañarte porque sabe que es posible para ti también experimentar una vida más expansiva, en consciencia y en libertad. Tú, en cambio, reconoces sus logros e intencionalmente las conversaciones que tienes se acercan a tu visión.

Esto crea un muy buen balance entre mantener momentos de contemplación, de silencio para conocerte y observar tus pensamientos y al mismo tiempo recibir data de tu mundo exterior, acompañamiento y recordatorios de los demás para que puedas tener una vida más expansiva y seguir creando la vida de tus sueños.

Deliberadamente empiezas a rodearte de personas que también están obsesionadas con crecer y evolucionar y eso es igual al interés compuesto, ellos crecen y tú también.

Actividad

Revisa en tu vida quién ha sido un mentor, seguro estaba disfrazado de un maestro, un jefe, un amigo o alguien que conociste rápidamente.

Esto te dará una primera guía para identificar quién te ha acompañado en lograr tus sueños, si no logras identificar ninguna, aquí viene la segunda actividad.

Escribe personas de las cuales te gustaría aprender, ya sea por cómo llevan sus negocios, por su estilo de vida o por sus relaciones. Apúntalas en una hoja y, a continuación, escribe de qué manera podrías conocerlos, tal vez en algún evento o a través de un libro, documental o canal en redes sociales. Conecta con tu mentor, imagina que estás frente a él, ¿qué le preguntarías?, explora tu mente y pensamientos, cuestiónalo todo.

Si tienes la fortuna de conocer a tu mentor, esta guía te puede ayudar a relacionarte mejor con él.

• Pide un consejo de un tema específico.

• En esta interacción piensa cómo tú también puedes aportar algo.

• Toma su consejo.

• Cuando tengas una conversación con ellos pregunta por algún consejo personal. Ellos prefieren dar opiniones más personales que sólo sobre el tema de negocios.

• Escríbele un mensaje 24 horas después de una conservación.

• Después de un mes, escríbeles en cómo usaste sus opiniones y cómo te ha ayudado.

• Mantente encontrando personas que te puedan dar apoyo en diferentes áreas.

Hay dos tipos de mentores, los que vas encontrando en tu vida y te van compartiendo su sabiduría y los que buscas y contratas dentro de un programa en específico.

Sin importar cual sea el tipo de mentor que elijas, procura mostrarle tus avances, procura decirle en qué te ayudó a tomar mejores decisiones, hazle saber que estás aprovechando bien el tiempo. Esto no tiene que ser todos los días, hasta se vería extraño, pero sí cada mes o cada dos meses. Encuentra algo que te guste hacer y encuentra una comunidad dentro de esa área, ya sea un lugar donde te gustaría trabajar, espacios, comunidades o eventos donde estén estas personas que admires, lo más importante es que estés aprendiendo sobre algo que te interese. Te doy unos ejemplos.

Cuando tomé la decisión de unirme a SABMiller, tuve acceso a consultores que me enseñaron toda la parte técnica y eso hizo que me diferenciara de todos los demás analistas de procesos y más adelante de otros project managers. A largo plazo, me ayudó a conseguir la posición en Londres que tanto quería porque intencionalmente aprendí un lado más técnico que me permitió complementar mis habilidades de negocios.

Esto lo repliqué en diferentes etapas de mi vida y en las empresas que crearía más adelante; cuando empecé a crear contenido en redes sociales me acerqué a personas que ya estaban donde yo quería estar y cuando fundé "By the land" teníamos un mentor que nos ayudó a analizar flujos de efectivo y estados de resultados. Lo más importante es saber lo que te da curiosidad, lo que te gustaría aprender y acercarte a ese conocimiento. A partir de ahí es donde se abrirán las oportunidades. La intención no es ir a eventos para conocer gente, la dinámica es diferente, encontrarás a las personas indicadas en el ambiente en donde están tus intereses.

Estas preguntas te ayudarán a encontrar estos intereses y encontrar las personas correctas en este camino.

- ¿Qué me da curiosidad en este momento?
- ¿Qué quiero explorar?
- ¿Qué es lo me gustaría aprender?
- ¿Qué me gustaría experimentar en mi vida?
- ¿Qué atrae mi atención en este momento?
- ¿Qué personas me pueden apoyar en esta situación?

Las respuestas son tu guía para aprender más sobre esto. En consecuencia, te dará acceso a un nuevo nivel de personas. Nuevas personas empezarán a llegar a tu vida y serán las respuestas a tus preguntas o guías que te permitirán acceder a una nueva vida que no habías descubierto.

Hay varias comunidades a las que sólo puedes acceder a través de pagar por eventos, certificaciones, *masterminds* o haciendo un viaje y esto definitivamente ayuda porque los demás en estas comunidades también quieren crecer tanto como tú. En cambio, hay muchas formas donde no requieres pagar, y la forma más sencilla de ser un imán es enfocándote en tu crecimiento personal, generando resultados en el área que te interese, esto podría tomar un poco más de tiempo, pero siempre funciona.

Cuando empecé a crear contenido iba a las conferencias de los creadores de contenido, era una persona más que consumía, no su par. En ese momento me comprometí a estar dentro de ese ambiente, así como lo había hecho antes en mi trabajo. Mi interés sobre impactar en los demás era bastante grande y quería hacerlo a través de las redes sociales. Pasaron 2 años de crear contenido constante, todos los días, hasta llegar al millón de seguidores en Tik-Tok y a partir de ahí tuve acceso a toda esta comunidad de creadores en México y a nuevos mentores en mi vida para seguir creciendo.

Enfocarte en algo que te interesa es la mejor herramienta que tienes para acercarte a otro ambiente, a mentores y a amistades más alineadas a lo que te gusta. Es en la curiosidad donde la vida te muestra más posibilidades.

Cuando hay un llamado a algo nuevo se despliega un camino. Cuando le haces caso a un nuevo camino y lo exploras, es cuando puedes ver el siguiente paso, antes no. La curiosidad está compuesta de incertidumbre y creatividad, y sólo si recorres una parte del camino podrás ver lo siguiente. Hoy no alcanzas a ver hasta dónde te puede llevar este nuevo camino, lo tienes que empezar a recorrer y hoy podría ser el día.

Elige un proyecto, realiza más ventas, escribe un libro, crea contenido en redes, crea una empresa, crea tu marca personal, la intención es que tu trabajo hable por sí solo. Pregúntate: ¿De qué quiero saber más? ¿Con qué temas mi vida se volvería más interesante? ¿Qué es lo que más me emociona explorar en este momento?

Cada persona nueva que te acompañe en este camino quiere verte evolucionar, porque ellos han estado donde tú estás ahora y quieren guiarte. Verán que escogiste el camino de la curiosidad y el de la valentía.

HAS ABIERTO UNA NUEVA PUERTA Y ESO ES SÓLO DE VALIENTES. TU CURIOSIDAD TE GUIARÁ A NUEVOS MAESTROS HASTA QUE ESCUCHES TU VOZ INTERNA GUIÁNDOTE; DECIDE EN SILENCIO OBSERVAR, CONTEMPLAR Y EN ESE MOMENTO ESCUCHAS: ESTÁS CONECTADO CON EL MEJOR MENTOR DE TODOS, TU GUÍA INTERNA, LO DIVINO.

3. Destellos de libertad

Antes que una llave pueda abrir algo.
Ni siquiera podemos saber que hay puertas.
Hasta que no hayamos oído el mensaje.

Ram Dass

Empecé mi día a las 6 y media de la mañana, mi cuerpo se despertó en automático, mis horarios habían regresado a la normalidad. Las primeras 3 noches en Bali sufrí del llamado jetlag y desde las 4 de la madrugada me despertaba a revisar los correos y mensajes de WhatsApp.

Revisé los horarios de Yoga Barn y vi que la primera clase era a las 7 de la mañana, me metí a bañar y me puse mi ropa de yoga. Caminé 5 minutos y llegué justo a tiempo para mi primera práctica.

A pesar de que ya había ido antes, cuando puse un pie en ese lugar sentí la emoción de la primera vez, sabía exactamente por dónde entrar, qué caminos tomar, dónde ir a pagar mi membresía y a pesar de que uno se puede perder en el lugar por lo grande que es, yo me sentía parte de éste. Yoga Barn es un campus holístico enfocado en diferentes prácticas como yoga y meditación. Se fundó en 2007 y desde ese momento ha sido un epicentro global para todo lo relacionado a la sanación, bienestar y la transformación personal.

Después de bajar unas escaleras rodeadas de árboles llegué a la recepción y a la persona que estaba atendiendo le comenté que quería un pase ilimitado, con este tipo de membresía tendría acceso a todo tipo de clases durante todo un mes. Sabía que a esto venía, a mantener mi práctica espiritual todos los días y a conectar con más personas que están en este camino.

La persona que me atendió me confirmó el precio antes de pasar mi tarjeta: "Voy a cargar a tu tarjeta 2,600,000 millones de rupias", yo le dije que sí e hizo el cargo.

Esta membresía me incluía cualquier clase desde las 7 de la mañana hasta las 8 de la noche, abarcaba todo tipo de clases, desde meditación, yoga, danza, sanación y muchas más. La primera clase que tomé fue Hatha Yoga a las 7 a.m., caminé a un domo en el cual no había tomado clases antes y estaba escondido en la selva, enfrente de un río, durante la clase podías escuchar el agua fluyendo como si fuera música de fondo para relajarse aún más. Estaba ya en la última postura de yoga, acostada en el piso boca arriba con mis piernas y mis brazos abiertos, estaba en completo agradecimiento por estar de nuevo en este lugar que tantos aprendizajes había traído a mi vida, me levanté, me puse en postura de meditación y la maestra cerró la clase. Al salir me fui a desayunar a The Garden Cafe, un restaurante dentro de Yoga Barn el cual tiene una vista espectacular de todo el centro. Mientras me traían mi jugo verde saqué mi libreta para escribir sobre lo emocionada que estaba de pasar otros dos meses en esta isla. Al estar escribiendo recordé que en ese mismo lugar, 5 años atrás, había festejado mi cumpleaños número 29. Había pedido una rebanada de pastel vegano para festejarme, el pastel estaba hecho de blueberries y nueces de la india, era color morado y en silencio me canté las mañanitas antes de probarlo.

Además de estar festejando mi cumpleaños, también estaba festejando mi libertad. Acababa de renunciar a mi trabajo, estaba tomándome un año sabático después de haber trabajado 6 años para SABMiller. Muy dentro de mí sabía que no regresaría a trabajar para una empresa, aunque todavía no tenía claro qué iba a hacer después de ese viaje.

Había pasado un año desde el evento ocurrido en el festival y muchas cosas pasaron en mi vida. Los proyectos en los que estaba trabajando empezaron a cancelarse por la transición que estábamos viviendo en la empresa ese año y yo empecé a tener bastante tiempo libre. Seguía viviendo en Londres y empezaba a tener curiosidad por otras cosas más allá de mi trabajo, me pregunté si habría alguna manera de seguir viajando sin tener que estar trabajando para una empresa. Cuando me gradué la única forma que conocía para viajar constantemente era conseguir un trabajo en una empresa internacional y eso es lo que hice. Es lo que había visto en casa, mi papá viajaba constantemente y lo hacía porque tenía un trabajo que lo mandaba a diferentes lugares, también lo veía en una pareja que tenía en ese momento, él era consultor y estaba constantemente viajando así que sabía que existía una manera de cumplir mi objetivo.

A pesar de esto, la idea de trabajar para una empresa internacional ya no me convencía del todo, así que busqué varias opciones y las respuestas empezaran a llegar. Mientras seguía en mi trabajo llegó a mis manos lo que se dice que es la biblia de los nómadas digitales.

La semana laboral de 4 horas, este libro lo escribió Tim Ferris cuando estaba en sus 20 y había descubierto un estilo de vida diferente para vivir. El libro te propone la idea de trabajar sólo 4 horas a la semana para que el resto del tiempo puedas aprender nuevas cosas, hacer tus hobbies o descubrir nuevos países, el libro inicia guiándote en cómo automatizar el trabajo que tienes actualmente e ir poco a poco liberando tiempo y usarlo para crear un *side business* (negocio digital), que te permita después reemplazar tu ingreso. La intención es que no tengas que empezar a vivir hasta jubilarte, la invitación es empezar a vivir desde mucho antes.

Para algunos, es un libro que puede sonar como un fraude y que es sólo para muy pocos, pero créanme, el boom sobre nómadas digitales se hizo aún más fuerte después de que este libro se publicó y esta filosofía de vida es la realidad de miles de personas en este momento. Es todo un movimiento alrededor del mundo, sin importar el país en el que vivan. Lo que se requiere para experimentar este estilo de vida es un cambio de mentalidad, querer experimentar libertad de movimiento y tener una estrategia. Lo mejor es que ahora es mucho más sencillo llevarlo a cabo, la primera edición del libro de Tim Ferris fue en el 2007 cuando el trabajo remoto era algo inexistente y aún así la filosofía detrás sigue siendo revolucionaria.

Cuando leí ese libro, mi mente todavía estaba muy enfocada en la parte corporativa, no tenía en la sangre el ser una emprendedora. Pensaba que uno tenía que nacer con los genes así para emprender.

En mi primer año trabajando para SABMiller, un muy buen amigo de Perú que también había entrado al mismo programa de pasantías me preguntó si en algún momento me gustaría emprender o crear algún negocio. No tuve que pensarlo, la respuesta era muy fácil y en automático le dije que no. Yo me veía como directora de todo Latinoamérica en 5 años y después directora global de algún área dentro de

SABMiller. Jamás pensé que eso de emprender fuera lo mío, emprender, para mí, era para personas que tenían su cabeza llena de ideas geniales y que sabían lo que el mercado necesitaba. Ésa no era yo.

Así que, cuando ya llevaba 6 años en la empresa, mi mente estaba lejos de lo que se conoce como *growth mindset*, o mentalidad de crecimiento, mi mente ya estaba cerrada a algo, pero cuando la empresa me ofreció un contrato en sus oficinas en Londres no sabía que todo lo que tenía planeado para mi vida iba a cambiar. Ese año me empezaron a interesar cosas muy diferentes y una de las preguntas que jamás me había hecho emergió: ¿Qué pasaría si emprendiera? ¿Podría emprender y seguir viajando? ¿Podría hacer algo diferente con mi vida? Sabía que estas preguntas venían como parte de mi proceso del despertar. Sabía que podía crear más libertad en mi vida y estaba dispuesta a encontrar la forma de hacerlo.

Empecé a buscar en internet opciones, me metía a ver videos en YouTube y en esas búsquedas encontré varios eventos que tenían en Google Campus, un espacio gratuito que había creado Google para los emprendedores. En uno de esos eventos ibas a presentar tu idea, los demás la escuchaban y te daban feedback. También podías trabajar en tu emprendimiento desde ese lugar y recibir orientación de otros emprendedores.

La verdad era que yo no tenía un emprendimiento, así que me puse a buscar si alguien necesitaba socios para su emprendimiento, para mi sorpresa existía una página donde ponías tu perfil y encontrabas a fundadores que estuvieran buscando a un co-founder. Mi pensamiento en ese momento fue: "Si yo no tengo una idea, puedo trabajar como co-fundadora con alguien que tenga ya una visión."

Así encontré a Nik, él tenía una idea que me parecía increíble, una app que te indicaba dónde estaban los mejores lugares para salir de noche y al mismo tiempo podías saber cuánta gente había o si tus amigos ya estaban ahí. A mi me encantaba ir a eventos por la noche y a veces a sesiones de música que duraban toda la noche, por otro lado, llevaba años liderando proyectos globales, así que sabía cómo hacer que las cosas sucedieran.

Nos reunimos un día en Londres y me explicó que la idea era primero despegar el proyecto y buscar inversión, después veríamos la parte de las acciones. Como era mi primera vez haciendo algo así, estaba emocionada.

Éste era mi primer emprendimiento, y aunque no era mi idea, iba a trabajar para que despegara. Hice lo que hacía en mi trabajo, cree un *business plan*, también un *road map*, un *action log* y la visión de la empresa para presentarla a inversionistas.

Para mí, era súper emocionante todo esto, tanto, que en uno de los eventos en Google Campus decidí hacer mi primer pitch en la vida y ¡aparte en inglés!

El pitch era para mi nuevo emprendimiento, Nearest Event, y si quería que el *road map* se cumpliera, había que levantar capital. Sabía que en esos eventos podías encontrar a programadores o inversionistas que quisieran invertir en tu idea.

No sé de dónde saqué la valentía de pararme enfrente de más de 50 personas, emprendedores e inversionistas. Mi voz temblaba, pero al bajarme de ahí me sentí como nunca antes, con vitalidad, con confianza y segura de mí.

Después del evento un inversionista me contactó, quería conocer más sobre Nearest Event, así que fuimos a un café cerca de Shoreditch, el área por excelencia de startups en Londres.

Le comenté a Nik y para mi sorpresa llegó tan tarde que no alcanzó a reunirse con el inversionista, me lo dejó todo a mí. Fue cuando me di cuenta de que mi interés porque esto funcionara era mayor al de Nik .

Para ese momento ya también teníamos un programador y su interés fue disminuyendo cuando veía que Nik se la pasaba más en su trabajo y que, por ser el de la idea, no estaba realmente en la operación. Además, nosotros trabajábamos en el proyecto sin recibir ninguna paga, creíamos en la idea, pero Nik tenía su atención en su trabajo.

Un día decidí dejar ese proyecto, no había interés por parte de nadie y yo jamás había trabajado con un equipo así, aparte, yo seguía con mi trabajo corporativo. Algo que amaba en SABMiller es que todas las personas con las que trabajaba eran apasionados por lo que hacían. Nos encantaba lo que hacíamos, así fuera revisar una base de datos infinita a las 3 de la mañana, lo importante era la actitud, cosa que no tenía el proyecto con Nik.

Cuando estás rodeada de personas que hacen todo con excelencia, puedes hacer lo imposible posible, todos crecen y tienes resultados impecables. Una de las reglas que he descubierto es que no importa qué hagas en esta vida, mientras eso te apasione y te entregues totalmente, los resultados vendrán solos, no tendrás ni que pensar en ello. Esto te permite entregarte a la actividad que estás haciendo, te conectas con el flujo divino y a algo más grande.

Toda esta curiosidad que sentía por emprender pasaba mientras yo seguía en mi trabajo, podía hacerlo porque en ese momento estaba el proceso de adquisición de SABMiller y al recortar varios proyectos globales ya no tenía tanta carga como antes.

En ese momento yo tenía 27 años y era la primera vez en mi vida que estaba viendo un futuro diferente a estar trabajando para una empresa. Estaba viendo una posibilidad llena de más libertad y mayor ligereza donde podría moverme a cualquier parte del mundo. Cada vez la idea de libertad rondaba más mi mente sin comprender en su totalidad esta palabra.

Después de salirme de Nearest Event seguí buscando nuevas opciones, en mi trabajo había cada vez menos proyectos, así que yo tenía mucho más tiempo libre para pensar en nuevas ideas. Entre mis búsquedas encontré un curso sobre cómo vender en Amazon FBA. FBA significa Fullfillment by Amazon, esto quiere decir que tu producto está en los almacenes de Amazon y ellos imprimen las etiquetas, empacan y envían tu producto a través de su propio sistema de almacenamiento y distribución. No sabía nada de esta industria, pero después de revisar el curso, lo compré.

El curso costó 500 dólares, le hablé a mi hermana, quien vive en España y le dije que acababa de comprar un curso y que me gustaría que lo hiciéramos juntas, ella se sorprendió de que lo hubiera comprado así de la nada, sin conocer a las personas que lo daban ni verificar que en verdad funcionara, pero después de estar en shock por la inversión empezamos a ver el contenido y nos organizarnos para empezar a vender en Amazon. Era la primera vez que yo compraba algo así, pero sabía que esto era algo diferente a lo que venía haciendo desde que me gradué.

Nos tomó 6 meses tener nuestro primer producto listo, el curso no te dejaba pasar el siguiente módulo hasta completar el actual. Por ejemplo, primero tenías que haber completado la parte de escoger un producto, después la parte de los proveedores para pasar a la del diseño. De esta forma nos aseguramos de seguir la metodología que le había funciona ya a muchos. Mi hermana y yo seguíamos trabajando y en las tardes nos dedicábamos 100% a este emprendimiento. Era la primera vez que podía ver con tanta claridad cómo era encontrar un producto, conseguir proveedores y lanzarlo al mercado.

Después de mucha investigación encontramos el producto que amábamos las dos. Empezamos a vender té matcha ceremonial de Japón y el nombre de la marca era Be Matcha. Recuerdo que hasta fui a Uji, Japón, donde siembran las hojas para el té matcha y lo muelen para después ser usado en ceremonias. Ese viaje a Japón hizo que terminara enamorándome aún más de este té.

Be matcha lo tuvimos durante dos años y jamás despegó porque siempre lo tratamos como un negocio paralelo, es decir, sólo le dedicábamos nuestras tardes, ya que la prioridad seguía siendo el trabajo que teníamos en ese momento, tampoco fuimos muy buenas en la parte de marketing o promoción. De igual forma este proceso fue una puerta a una nueva posibilidad, todavía recuerdo la primera vez que alguien compró el té directo en Amazon, amanecimos un día con una venta que se había realizado en la madrugada. No cabía de la emoción de ver que se estaba vendiendo sin que tuviéramos que estar en un lugar en específico, todo era en línea y nosotros no teníamos ni siquiera que enviarlo, todo el producto estaba en el almacén de Amazon y ellos se encargaban de esa parte. Nosotros sólo teníamos que ponerle la orden al proveedor, el proveedor mandaba el inventario a Amazon España y desde ahí el producto se enviaba a quien lo comprara en España, Alemania e Inglaterra.

Estaba emprendiendo como Tim Ferris lo hizo en su momento, estaba experimentando la posibilidad de la libertad de movimiento creando mi propio emprendimiento y eso era fascinante y algo totalmente nuevo para mí. Estaba descubriendo una nueva realidad y me estaba gustando.

Al final de ese año viviendo en Londres se cancelaron todos los proyectos globales en SABMiller y habían iniciado los despidos masivos por la adquisición de AB Inbev, era momento de que yo regresara a Bogotá, donde todavía tenía un contrato que se había puesto en pausa mientras lideraba varios proyectos en Europa. A pesar de no haber sido despedida y de tener otro contrato, sentía que me iba a alejar de todo el ambiente de emprendimiento que había conocido en Londres.

Regresé a inicios del 2017 a Bogotá y un par de meses después decidí experimentar lo que era vivir como nómada digital sin renunciar a mi trabajo. Quería seguir moviéndome hacia una nueva vida que sabía que existía pero que no lograba ver completamente. Un día llegué con mi nuevo jefe a decirle que me gustaría trabajar remoto desde Medellín, al menos un par de semanas sabía que podía acceder fácilmente porque cualquier cosa que pasara podía regresar y estaba en la misma zona horaria. Éste fue uno de los primeros intentos que tuve de trabajar remoto. Mi jefe felizmente accedió y me fui un par de semanas a Medellín. No sabía que eso se volvería la puerta a una nueva vida para mí.

Ahí conocí a Andrew, un alemán que llevaba siendo nómada digital un año. Había terminado su doctorado y ahora estaba vendiendo en línea una certificación de calidad para los cargadores de carros eléctricos. Él conocía bien del tema, había sido parte de sus estudios en el doctorado, yo todavía no visualizaba la posibilidad de tener estos cargadores por toda la ciudad, era algo todavía muy nuevo para mí, pero él ya estaba generando ingresos creando estas nuevas certificaciones de calidad para los que los instalaban.

Estuvimos hablando un buen rato, yo estaba súper interesada en saber todo, pasamos el día hablando de cómo había logrado dar ese salto. Era el primer nómada que conocía y pude empatizar tanto con él porque era un par de años mayor que yo y aparte tenía una carrera profesional como yo. Ya conocía esta filosofía, pero ver que era posible cambió por completo mi realidad. Mi pregunta final para él fue: "¿Cuál crees que es el mejor lugar para experimentar este estilo de vida como nómada digital?" Sin pensarlo dos veces, respondió: "Bali, en Indonesia."

Regresé de ese viaje muy expandida. Llegué con mi jefe y le presenté un plan para trabajar remoto dos meses desde Bali. Él, de nuevo, accedió a mis locuras, sabía que era buena en mi trabajo, pero lo que no sabía es que para mí ésta era la oportunidad perfecta para conocer cómo sería mi nueva realidad sin todavía renunciar. Quería conocer más sobre negocios digitales, sobre este estilo de vida, y más importante, ver cómo podría manejar el trabajo estando en una zona horaria paralela a la de Bogotá.

Fue mi primer viaje a la Isla de Bali, Indonesia. Específicamente fui a Canggu, el lugar por excelencia de los nómadas digitales. En este primer viaje descubrí a cientos de personas viviendo una vida en libertad de tiempo, de movimiento y financiera. Fue abrir los ojos a una nueva realidad que se vivía en paralelo a un trabajo en corporativo. Lo que había leído en los libros estaba pasando realmente, personas disfrutando de su día, aprendiendo cosas nuevas y dejando sus trabajos corporativos por una vida más en balance y armonía.

Desde mi primera semana todo era nuevo para mí, no podía creer la gran oportunidad que tenía de estar ahí. Personas de todo el mundo siendo creativas, ambiciosas y muy abiertas a aprender cosas nuevas. Lo mejor es que también estaban buscando mayor balance en su vida fuera de las grandes ciudades, sin dejar su impulso para crear nuevos proyectos. Estando en Bali tuve varios amigos que me ayudaron a entender más sobre negocios digitales.

Ver a personas que habían renunciado a Uber, a Airbnb o a Google para crear sus propias empresas digitales me dio la valentía de tomar la decisión de renunciar a mi trabajo. Verlo tan real hizo que un día decidiera dar el gran salto hacia mi libertad.

Regresé a Bogotá sabiendo que mi tiempo ahí estaba contado, ya mi vida en corporativo estaba terminando y también mi etapa en Colombia. Había descubierto en Bali una forma distinta de vivir, sabía que era posible experimentar y saborear la vida desde la plenitud, la libertad y el gozo. Había conectado con una parte más creativa, más intuitiva y hasta más divertida. Empecé a cerrar cuentas de banco, de inversiones, a vender mis muebles. Un día hablé con mi jefe y le comuniqué mi decisión, me pidió quedarme un mes para cerrar todo y accedí, ¡se me hizo una eternidad!, pero eso me permitió planear mi regreso a Bali. Esto apenas era el comienzo y una idea en la mente se afianzó poderosamente en mí, te la comparto: ¡Nunca dejes de buscar tu libertad!

Cuando somos pequeños tenemos mucho tiempo libre y vemos a los adultos haciendo todo lo contrario. Los vemos ocupados haciendo cosas importantes y no entendemos realmente qué es eso tan importante.

Esto mismo me ocurrió a mí como a muchos, estaba feliz y bastante orgullosa de mi vida porque vivía ocupada, estresada y sentía que estaba haciendo algo importante porque me la pasaba corriendo por todas partes. Terminé siendo la definición que tenemos de un adulto. Había entrado en el engaño más grande, al ser adulto dejas de tener tiempo.

Cuando eras niño, podías imaginar cuentos en tu cabeza y mantenerte entretenido, o inclusive no hacer nada por periodos largos de tiempo y no pasaba nada, pero cuando sales de la universidad lo primero que hay que buscar es un trabajo que nos mantenga ocupados y te asegure cierta estabilidad. Si alguien te ve haciendo nada, es un peligro para la familia y para la sociedad. Consideran que estás perdiendo el tiempo. Nos alejan de nuestra imaginación y de nuestra creatividad.

La libertad que tiene un niño de jugar, imaginar, crear, divertirse, nos la arrebatan con la promesa falsa de ser funcionales en un mundo que requiere de trabajadores para que todo el sistema se mantenga. Hay pocos que se atreven a ir más allá de esta falsa promesa y mantienen su creatividad y su imaginación como el poder más grande que tienen aquí en la Tierra.

Había iniciado mi propia búsqueda para salir de esta falsa promesa, de esta ilusión y así encontrar la verdadera libertad. En mi primer viaje a Bali, hice una escala en Japón, fueron unos 10 días. Un día temprano me fui a uno de los mercados de pescado más famosos en Tokio, se llama Tsukiji

Market, decidí comer una sopa de pescado en uno de los puestos y tomar fotos de todo lo que veía, después de un par de horas salí y caminé entre toda la gente que había llegado al mercado. Ahí me topé con Ramit Sethi, lo reconocí de inmediato porque venía siguiendo su contenido al menos por dos años. Ramit es una referencia en el mundo de las finanzas y los negocios, escribió *Te enseñaré a ser rico* en el 2009 y recientemente Netflix hizo una serie con él, llamada *Cómo hacerse rico.*

Apenas lo vi me acerqué a él y lo saludé como si lo conociera, me gustaba bastante lo que hacía en el mundo digital y de finanzas. Ese día iba con su novia, que ahora es su esposa. Estaban emocionados porque les dije que era de México y justo los papás de Cassandra son mexicanos y acababan de ir a visitarlos, empezamos a hablar sobre su viaje a Tokio y me decían que era un lugar que amaban y que visitaban frecuentemente. Para mí todo esto era una gran señal de que estaba en el lugar correcto, de nuevo volvía a ver personificada la vida que ahora veía posible también para mí, viajes y negocios digitales. Se me estaba mostrando otra vez hablando con Ramit y Cassandra.

Me tomé una foto y le dije a Ramit que su libro y su contenido habían hecho un gran cambio en mi mentalidad, que respetaba y admiraba su trabajo. Nos despedimos y me quedé bastante emocionada porque la vida me estaba confirmando mi gran decisión de viajar tan lejos de casa.

Recuerdo que algo que me había impresionado del libro era que él contrató su primer asistente a los 19 años mientras todavía estaba en la universidad. Desde el primer negocio digital que tuve he invertido en un asistente y aquí viene la diferencia en mentalidades que empecé a notar. Tener un asistente puede ser para algunos algo ridículo, algo que es un costo adicional en su vida y que seguramente no disfrutarán porque estarán pensando cuándo recuperarán ese dinero. A eso se le llama tener una mentalidad de carencia, mentalidad de costos en vez de una mentalidad de abundancia y de inversión.

Cuando leí el libro de Ramit lo único que pensaba era en la gran inversión que sería tener a alguien que me ayudara con los detalles de mi día a día. Desde contestar correos hasta mandarle arreglo de flores a mis clientes más exclusivos.

Apenas empecé a ganar algo de dinero, contraté a un asistente y desde hace ya varios años he visto cómo mi mentalidad de abundancia sigue creciendo y puedo experimentar libertad de tiempo más que nunca. El tener libertad de tiempo te permite crear, pensar, reflexionar y ver oportunidades a tu alrededor, eso es lo que tanto había buscado, pero no es hasta que experimentas esa libertad que te das cuenta de su importancia.

No sabía a dónde me llevaría, pero siempre pensé en eso como una inversión y lo sigo haciendo. A eso Ramit Sethi llo llama tener una "vida rica". No por tener dinero, sino porque estás comprando tiempo el cuál es de lo más valioso.

Cuando una persona empieza a generar ingresos más allá de lo que requiere para vivir en el día a día, puede, ahora sí, enfocarse en diferentes tipos de inversiones. Pensando en lo que le agrega algo a su vida y las personas cercanas para él. Este tipo de inversiones son muy diferentes a lo que puedes estar pensando como el plan para el retiro, acciones o deuda del gobierno. En este caso estas inversiones son en ti y en la gente cercana a ti.

Cuando estás en un punto donde ya tienes una estructura financiera como tu fondo de ahorro, tu fondo para el retiro, éstas pueden ser inversiones más holísticas para potencializar tu experiencia en este planeta tierra. Te comparto algunas.

Relaciones: Puedes organizar cenas privadas para tus amigos y familia en lugares especiales y eventos con experiencias inolvidables.

Bienestar: Puedes invertir en retiros de bienestar donde puedes relajarte y ser atendido por profesionales de la salud especializados en terapias holísticas, masajes, meditación y actividades físicas.

Comodidad: Puedes contratar un personal de servicio para que se encargue de tus necesidades diarias. Esto puede incluir un chef personal que sepa de tu dieta, también puedes contratar a un asistente personal que se ocupe de tus tareas y responsabilidades.

Viajar: Puedes invertir en estadías más largas en diferentes partes del mundo en vez de sólo tomar unos pocos días de vacaciones. Esto te permitirá viajar más relajado y tener una experiencia más completa de la cultura y la belleza del lugar.

Esto se vuelve parte de la libertad de movimiento que puedes crear para ti, libertad de crear una vida que ames, libertad para elegir qué hacer con tu tiempo y libertad financiera. De cierta forma este tipo de inversiones también entran dentro de la misma filosofía de Tim Ferris.

La vida me estaba mostrando destellos de libertad por todos lados, me mostraba personas que estaban creando vidas con mayor libertad, me mostró nuevas formas de ver el mundo y nuevas posibilidades. Lo que no sabía era que la libertad iba más allá de todo lo que el mundo exterior me podía dar. En ese momento de mi vida estos destellos de libertad me permitieron darme una idea de lo que estaba buscando y definitivamente fue un recorrido muy importante donde empecé a reconocer lo que quería para mi nueva realidad. Mayor libertad en mi vida.

4. Somos seres creativos

Una vida creativa es una vida amplificada.
Es una vida más grande, más feliz, más extensa y,
te lo aseguro, mucho más interesante.

Elizabeth Gilbert

Algo inherente en el ser humano es la creatividad, ésta surge en todos. Tenemos la habilidad de expresarnos a través de la creatividad sin importar el trabajo que estemos desarrollando, sólo que pocos se dan cuenta de esta habilidad tan poderosa y no la cultivan lo suficiente.

Crear algo es traer algo a la existencia que no estaba en esta realidad antes. Todos estamos haciendo arte, estamos filtrando nuestra realidad y tomando datos de lo que estamos experimentando para crear una realidad basada en toda esta información. Estamos activamente en un proceso de creación. Esta es una forma de vivir, una forma de percibir el mundo, esto se vuelve una práctica de poner atención y conectarse con la información y los datos que estás recibiendo.

Cuando estaba en mi proceso de transición de carrera y lista para salirme de mi trabajo corporativo, no tenía muy claro qué quería hacer con mi vida. Sentía que el camino de trabajar para una empresa había terminado, no me veía haciendo nada similar en el futuro, pero tampoco tenía una idea de qué quería hacer.

En ese momento empecé a escribir en Instagram, era 2017. Escribía textos sobre mi vida o plasmaba mis pensamientos y compartía los viajes que hacía mientras trabajaba a distancia. Todo esto era mientras tenía mi trabajo. Un amigo de la carrera con el cual no había tenido contacto en años me escribió, me dijo que había visto mis posts en Instagram y que le gustaría que escribiera para Momondo. Él estaba trabajando en Dinamarca para esta empresa europea enfocada en buscar los mejores vuelos, esta empresa después la compró Kayak, que es uno de los buscadores más grandes de viajes en el mundo.

Sin pensarlo mucho le dije que sí, que estaría feliz de escribir algo para Momondo. Me mandaron el contrato y vi que me iban a pagar por escribir. ¿Cómo era posible que alguien me iba a pagar por escribir? Eso no era parte de mi mundo, no sabía que se podía ganar dinero sólo por escribir blogs.

Días después de firmar el contrato me mandaron todos los lineamientos de cómo escribir un blog que fuera eficiente para SEO, es decir, para que se posicionara correctamente en los buscadores de Google. Yo vi eso y me asusté aún más, lo veía todo tan complejo.

Te decían exactamente dónde poner los botones y qué textos poner debajo de cada foto, el estilo de fotos que funcionaban mejor y cuáles evitar. Yo me quedé viendo ese archivo por una semana, aterrada.

Finalmente me senté a escribir, me sentía comprometida con mi amigo, no quería quedar mal, aparte había firmado el contrato. Empecé a ir más allá de la resistencia y después de unos días tenía listo el blog, salió algo increíble. De forma natural contaba cómo me había ido a Bali a viajar mientras trabajaba para una multinacional y los botones te llevaban a revisar vuelos a Bali, Indonesia.

Esa fue la primera vez que alguien me pagaba por algo creativo, me impresionó tanto que es como si una realidad paralela se abriera ante mí. Era una nueva posibilidad, en ese momento me di cuenta del potencial creativo que había en mí.

Fue este el primer momento donde sentí que me conectaba a otro reino, a través de la escritura plasmaba lo que habitaba dentro de mí, compartía mi percepción del mundo, como si fuera dejando destellos de mi verdad en este mundo. Despertaba en mí una sensación de trascendencia que creaba olas más allá de esta realidad. Escribir me volvió a conectar con mi ser creativo y abrió un portal a un mundo que antes no conocía. El mundo de lo sutil.

Poco a poco la creatividad empezó a llegar a mi vida hasta un punto donde el 80% de lo que hago viene de esta frecuencia creativa. Mi conexión es cada vez más fuerte y sin importar la empresa que cree, el contenido que cree o si estoy escribiendo, todo sale de una fuente creadora donde la energía es inagotable. Sin saberlo escribir se volvería parte de mi práctica espiritual, notaba como esto me conectaba a mi ser esencial, a mi verdad y a una sensación de asombro que no había experimentado antes. Una práctica espiritual te permite ver un mundo donde no estás solo. Te sientes parte de algo más grande de lo cuál no puedes explicar, un mundo de inmensas posibilidades. Un elemento que empecé a notar cada vez que quería ir más profundo en mi proceso de creación, sin importar si esto era escribir para un blog de viajes, mi Instagram o crear contenido, era que siempre me visitaba la energía de la resistencia. Se presentaba de diferentes formas pero mientras pasaban los años aprendí a reconocerla más fácil y eso me permitió crear estrategias y sistemas para navegarla mejor porque empecé a notar que le gustaba siempre acompañarme cada que iniciaba un proceso creativo.

La oportunidad de escribir para Momondo me impulsó aún más para seguir compartiendo mi camino en redes sociales. Este proceso era tan desconocido para mí pero algo me decía que ese era el siguiente paso sin saber a dónde me llevaría. Definitivamente este proceso tuvo sus momentos de resistencia, desde compartir mi vida públicamente cuando nunca lo había hecho antes, grabarme para subir videos y el estar preocupada de lo que mis compañeros del trabajo pensarían. Logré pasar por toda esa resistencia y lograr resultados que jamás imaginé.

Una de las experiencias más fuertes que viví con la resistencia fue varios años después de empezar a compartir mi camino en redes sociales. Llevaba ya 4 años creando contenido cuando Beek me contactó para crear un audiolibro enfocado en espiritualidad y meditación. Yo estaba bastante feliz por la oportunidad y era algo tan diferente a lo que había creado antes. Estaba lista para un nuevo reto, escribir mi primer audiolibro.

Beek es una aplicación de contenido en audio para personas que buscan mejorar su vida. Tienen contenido de finanzas personales, filosofía, crecimiento personal y hasta temas de emprendimiento. Cuando me contactaron me emocioné porque era la confirmación de que mi camino como creadora estaba dando sus frutos y era momento de crear fuera de redes. El día que firmé el contrato supe que era un momento de inflexión donde mis creaciones estarían agregando valor al mundo. Lo mejor es que estas creaciones venían desde una fuerza divina, donde yo sólo era un canal.

La resistencia volvió a visitarme. Mi contrato tenía una fecha de entrega y también habían apartado el estudio de grabación ciertos días para mí. A pesar de eso, días antes de ir a grabar no tenía ni el 20% del audiolibro. Tenía tantas ganas de hacerlo, sabía que era importante para mí y aun así todo mi cuerpo estaba paralizado.

No sabía ni por dónde iniciar y ninguna señal divina bajaba. La fecha de entrega se acercaba y tenía que hacer algo para ir más allá de esta parálisis.

Decidí salirme a caminar por un rato y en vez de regresar a mi departamento me fui al área de coworking que tiene mi edificio y ahí sin ninguna distracción tomé una hoja y un papel y desarrollé la primera estructura del audiolibro, algo pequeño, pero sentía que avanzaba. En ese momento sabía que estaba sola en esta lucha contra la resistencia, nadie más podía vencerla, solo yo. Esto me inspiró y abrí mi laptop y escribí las primeras líneas. Pensé que ya había vencido a mi oponente cuando a mitad del audiolibro volvió a aparecer, estaba en el proceso de hacer una meditación como parte del audiolibro y esta vez habría que hacer algo diferente. Cerré los ojos y llevé mi atención al corazón, en ese momento empecé a conectar con mi dolor, con lo que había sentido cuando por primera vez sentí cómo mi corazón se desgarraba en un intento de abrirse a la vida. Fue un momento de vulnerabilidad lo que me permitió acceder a una fuerza divina que me guiaba creativamente. Fue un instante para reconocer mi propio proceso y al mismo tiempo ir hacia adentro. Todas las barreras empezaron a bajarse, sabía exactamente desde dónde iba a comunicar y cómo lo iba a hacer, las palabras empezaron a surgir. Al día siguiente hice el mismo trabajo, bajé al coworking, me senté en una de las salas de juntas con un té y conecté con ese primer momento donde sentí mi corazón abriéndose.

Había encontrado la llave, el dolor, el amor y mi corazón eran los portales a la inspiración, a la creatividad, a las musas. Eso me funcionó en este proceso. La colección entera de estas meditaciones terminó llamándose *Despertando el corazón: Meditaciones para tu alma*.

En el libro *La Guerra del Arte*, Steven Priestly menciona que cuando nos sentamos cada día a hacer nuestro trabajo, el poder se concentra a nuestro alrededor. La musa toma nota de nuestra dedicación y nos da su aprobación. Nos hemos ganado su favor. Cuando nos sentamos y trabajamos, nos volvemos como un imán que atrae partículas de metal. Las ideas vienen. Nuestra percepción aumenta. Así como la Resistencia tiene sus bases en el infierno, la Creación tiene su hogar en el cielo.

Cuando llegué al estudio y grabé fue la mejor sensación que he sentido. Había transmutado la resistencia y toda esa energía la movía hacia la creación del audiolibro. Meses después Beek me propuso hacer 8 cápsulas que duraran entre 8 y 12 minutos cada una. Yo tenía mi tercer viaje a Bali y quería grabar antes porque no iba a regresar en tres meses y quería que salieran las cápsulas mientras estaba allá. Empecé el proyecto dos semanas antes de irme a Bali, la diferencia es que esta vez sabía cómo ir más allá de la resistencia, cómo volverme un imán de ideas y la fuente creativa cada vez era más bondadosa conmigo porque cultivaba todos los días mi creatividad. Había pasado por la mayor resistencia, la que se crea cuando es la primera vez haciendo algo.

Después de 1 año de haber lanzado mis meditaciones, Beek me invitó a su primera premiación, los Beek Awards, los cuales eran premios para los mejores creadores del año. Yo estaba feliz de ir, más porque iba a conectar con otros creadores a los cuales admiraba. Amé ver a amigos y conocer a gente nueva. La fundadora de Beek, Pamela Valdés, subió al escenario e inició la premiación, yo estaba sentada aplaudiendo a todos los ganadores cuando escuché mi nombre. No me la creía, realmente no me lo esperaba. Había ganado el premio por haber facturado más de 500,000 pesos mexicanos en Beek con mis meditaciones. No me lo podía creer, era de los premios más esperados de la noche. Salté de mi silla para ir al escenario a recibirlo y en eso vi que un gran amigo, Humberto Herrera, me grababa mientras caminaba al escenario y me emocioné aún más, no quería borrar ese momento de mi memoria, y que alguien lo hubiera capturado fue aún mejor.

Al bajar del escenario Humberto me dijo unas palabras que resumieron todo lo que había creado en mi vida hasta ese momento: "La libertad viene cuando somos creativos."

Claro, la libertad que tanto estaba buscando, la libertad financiera, la libertad de movimiento vino cuando empecé a conectar con mi Ser creador, con la frecuencia creativa, cuando empecé a crear. No se lo dije, pero esa última frase me dejó una mega sonrisa, había estado eligiendo la creatividad y la creatividad se había encargado de darme la libertad que tanto buscaba.

Estaba recibiendo un premio por haber dicho que sí a la creatividad, por haber ido más allá del miedo, de la duda, de la resistencia y de la incertidumbre que se siente al crear. Ese momento era una celebración para Maryell que abrió su cuenta de Instagram en el 2017 para compartir su proceso, era una celebración para Maryell que fue más allá de la resistencia y escribió ese blog para Momondo, era una celebración para Maryell que abrió su cuenta de TikTok con miedo a terminar bailando en la plataforma.

Esa noche fue más de lo que esperaba, conecté con varias personas que también estaban cumpliendo sus sueños, quienes estaban viviendo en una realidad paralela conmigo. Donde la creatividad era la que guiaba cada uno de los proyectos en los que estábamos trabajando.

Esa noche antes de dormir me puse a meditar con la intención de conectar con esta frecuencia de la creatividad en la que estaba en ese momento, quería sentirla para recordarla en todo momento. Cerré los ojos y sentía toda la energía desde mis pies hasta la parte más alta de mi cabeza. Estaba envuelta de las musas, de seres, sentía la divinidad dentro de mí y recordaba mis elecciones hasta ese momento, medité hasta que todo se quedó en un vacío, en una quietud donde sólo sentía amor por la libertad que existía en mi vida.

Cuando conectamos con la energía creativa, algo más allá de esta realidad se está expresando a través de nosotros, estamos conectando con nuestra parte divina, con nuestra musa, entonces nuestro cuerpo se vuelve el canal de expresión en esta realidad. Nuestras creaciones se vuelven ofrendas a esta fuerza divina.

Empezamos a escuchar sin usar los oídos, empezamos a ver sin usar nuestros ojos, empezamos a entender sin usar nuestro intelecto y ahí es donde se crea la magia porque como seres humanos en este mundo material tenemos la capacidad de crear, de materializar lo tangible y nuestras manos, nuestra mente la usamos para hacer realidad esa información que baja desde otros planos de consciencia.

Se vuelve una responsabilidad traer eso a este mundo material. Tenemos una capacidad increíble para tomar esa información y hacer alquimia usando los elementos de la realidad.

Hay una charla de TED Talk de Elizabeth Gilbert sobre darle alas a la creatividad. Elizabeth Gilbert es una autora estadounidense y escribió uno de los libros que más me han inspirado en mi camino personal. El libro se llama *Comer, rezar y amar,* una historia de una mujer que inicia una búsqueda personal y espiritual en Italia, la India e Indonesia.

En el 2009 dio una TED Talk donde explica cómo ve ella la creatividad. Una vez que te conectas a esta fuente creadora llegan ideas en los lugares menos esperados sin saber de dónde viene esta fuente. En su charla menciona una entrevista que le hizo a Tom Weins, un famoso cantante, músico y compositor estadounidense, quería entender cómo este flujo de ideas no lo volvía loco —como a veces a ella le pasaba. Él le contó que un día iba manejando por Los Ángeles y de la nada escuchó un fragmento de una melodía muy hermosa, pero no tenía un lápiz, ni algo para grabarlo y empezó a sentirse estresado, paró y miró hacia el cielo y dijo: "¿No ves que estoy manejando? ¿No puedes regresar en un momento más oportuno?" Desde ese momento su proceso de trabajo cambió completamente y su ansiedad desapareció cuando liberó al genio que venía de la nada. Entendió que no debía de ser un gran tormento dentro de él, podía ser una colaboración, una comunicación peculiar y rara entre Tom y la cosa extraña fuera de él.

Elizabeth Gilbert sabe que la creatividad es una fuerza divina y misteriosa que está fuera de nuestro control. La ve como un regalo que debemos honrar y cultivar, y al mismo tiempo algo que no se persigue o se controla. En esta charla menciona cómo en la antigüedad, la creatividad era vista como una fuerza divina que se otorgaba a las personas y que la creatividad tenía una entidad propia, un "genio".

Cuando una persona recibe este genio y empieza a crear desde ahí es como si se hubiera abierto un portal, se vuelve un destello divino, un destello de la presencia de Dios.

Esta energía existe en cada uno de nosotros, no es algo sólo para algunos como también llegué a pensar en su momento. La diferencia se ve cuando la persona lo cultiva, cuando aceptan esta conexión creativa y divina y empieza a fluir a través de las ideas.

Cuando conectas con esta energía, un flujo de ideas comienza a correr, estas ideas tienen consciencia queriendo ser manifestadas en esta realidad, es como si su intención final fuera salir del reino de lo etéreo y entrar en el reino físico en el que vivimos. Algo que me gusta es cómo lo describe Elizabeth Gilbert en alguna de sus entrevistas, ella menciona que las ideas están buscando colaboradores humanos para ser traídas a esta realidad y llegan a las personas que están en alineación, calmadas y presentes, para escucharlas, y cuando las escuchas te preguntan si quieres ir en este viaje con ellas y está bien decir que no, pero cuando dices que sí ahí es cuando inicia un contrato místico y sagrado donde tu tarea es poner tu trabajo y tu respeto, y la tarea de las ideas es ins- pirarte y llevarte a lo desconocido.

La pregunta central que ahora te hago es: ¿Tienes la valentía de revelar todos los tesoros que están dentro de ti? ¿De crear espacios de silencio para escuchar lo que quiere ser manifestado en esta realidad?

En el libro *The Creative Act: A way of Being* de Rick Rubin menciona que todos somos diferentes y todos somos imperfectos, y esas imperfecciones es lo que hace que cada uno y nuestro trabajo sea interesante. Creamos piezas que reflejan quienes somos, nuestro trabajo es una representación de nuestro ser y por ello crear arte no puede ser una competencia.

La creatividad me ha ayudado a encontrar nuevas formas de vivir, a recordarme que es posible crear una vida más expansiva, a descubrir mis propios colores, mi autenticidad, ha sido el portal por el cuál puedo conocerme de forma más íntima. Es el mayor regalo que he recibido para darme cuenta de que soy parte de la creación divina, mis creaciones son manifestaciones que se vuelven ofrendas a la vida, a lo divino. La creatividad me ha regresado a explorar la vida con asombro, involucrándome en lo que percibo, probando diferentes formas de vida y formas de crear.

5. Redefiniendo la disciplina

Cuando la disciplina es tu aliada,
siempre te dará mucho más de lo que esperabas.

Recuerdo que durante 6 años mi mamá nos llevaba a mí y a mi hermana a clases de ballet, al principio yo renegaba, había días en los que yo, como niña, sólo quería llegar de la escuela a ver caricaturas o simplemente no quería ir, pero mi mamá fue muy constante y diario nos llevaba a clases.

Bailábamos en escenarios desde pequeñas hasta la adolescencia y nos encantaba vivir detrás del teatro de la ciudad. Correr entre camerinos fue mi realidad por mucho tiempo y me divertía tanto viendo a los más grandes desarrollando papeles como Mufasa o Aladín. Cada que había una presentación me sentía dentro de alguna película de Disney. Era una pequeña celebración después de todo un año de práctica y sacrificio.

Esto no sólo sucedía en el ballet, mi mamá después de salir de su trabajo, hacia todo lo posible para que llegáramos a tiempo a nuestras clases de inglés, de francés, de taekwondo y hasta a mis clases extracurriculares de física y matemáticas. No recuerdo haberme quedado en casa a descansar, eso hubiera sido lo más sencillo pero la disciplina y la constancia eran más importantes en mi familia. Algo que definitivamente no podía ver en su momento. Cuando creces lo que más quieres es tener la libertad de hacer lo que tu quieras, lo que no sabemos es que esa es una falsa libertad. La excelencia viene cuando actúas desde tus virtudes, desde el honor, la dificultad y el sacrificio. En consecuencia, la vida te bendice con la libertad que tanto buscabas. Esta fue mi realidad tantos años y fue lo que me ayudó a desarrollar mayor disciplina para mi vida; ahora puedo ver lo importancia que tuvo no sólo en lo profesional, también en mi salud, en mis finanzas y en todo lo nuevo que aprendo. La realidad era que, a pesar de mantenerme disciplinada, no tenía una buena relación con este concepto, mi forma de actuar con disciplina era desde la pesadez, desde el enojo y porque tenía que hacerlo. No había desarrollado una disciplina interna, mi mamá era la que me estaba diciendo lo que tenía que hacer, me estuvo jalando hasta mi adolescencia. Y después de eso fueron otras formas externas, como mis profesores y hasta mis jefes.

Hasta ese momento había tenido varios logros en mi carrera profesional y a pesar de que se habían logrado con disciplina ahora podía ver esta palabra con un nuevo nivel de profundidad. Dejó de ser sólo disciplina y empezó a verse más como los estoicos la llaman, autodisciplina. Fue hasta que tuve mi primer despertar donde esta palabra tomó un significado diferente.

Se convirtió en una virtud que te permite ser una mejor persona y no sólo algo que te obligas a hacer. La autodisciplina es diferente porque en ésta tú seleccionas tus estándares para vivir tu vida y no es algo que se te impone o usas para que alguien más haga algo. Va más allá de ser estricto o llevar una vida rígida. La forma más elevada de disciplina es la habilidad de ajustarse, de ser flexible y de adaptarse.

La disciplina te da libertad y se vuelve la base para ser el gobernante de tu vida. Un ser soberano y libre.

Si no estás a cargo de ti, de tu vida, de tus emociones, tus pensamientos, de lo que harás y de lo que no harás, realmente no eres libre. Crear una estructura, reglas para tu vida puede sentirse limitante, como si estuvieras dando tu libertad pero la realidad es que estás ganando una libertad que pocos han experimentado.

Ésta sin duda fue la primera virtud a la que me acerqué, dispuesta a escucharla desde un lugar diferente, dejó de ser algo que rechazara y se volvió la virtud por excelencia, la que me acompañaría en mi proceso de libertad. Dejó de tener una carga de exigencia y se convirtió en la llave que me dio acceso a elegir lo correcto, lo difícil, lo honorable.

La elección de Hércules es una parábola de la antigua Grecia. En un momento de su vida se cruzó con un camino que se abría en dos, tenía que elegir la forma en la que debía vivir. En ese momento se le da la oportunidad de ir en dos direcciones y justo ahí las diosas le hablan: "Mi querido Hércules, veo que te encuentras dividido en tus pensamientos, sobre la manera de vivir." Hércules estaba en una encrucijada, en la cual todos nos encontramos, tenía que elegir entre la forma fácil y lo difícil, entre lo correcto y lo incorrecto, el corto plazo y el largo plazo, entre ser o hacer.

Hércules está eligiendo entre la virtud y el vicio. Está eligiendo entre el coraje, la disciplina, la justicia y la sabiduría. Las cuatro virtudes que forman la filosofía de elegir lo correcto. Es lo que todos estamos enfrentando todos los días.

La disciplina no es algo que sólo decides una vez, es decidir quién estará a cargo día tras día.

Todos los días se nos da esta oportunidad, todos los días cada uno de nosotros se encuentra en un camino que se divide en dos elecciones. La virtud o el vicio.

Marco Aurelio en su libro *Las meditaciones* también nos muestra la dificultad en la que se encontraba todos los días al despertarse temprano. Esto es lo que escribe como un recordatorio para hacer lo correcto.

Al amanecer, cuando tengas problemas para salir de tu cama, debes decirte: "Tengo que ir a trabajar, como un ser humano. ¿Por qué tendría que quejarme si haré las cosas para las cuáles nací y para lo que vine al mundo? ¿O es que fui creado para esto? ¿Para quedarme debajo de las sábanas y mantenerme caliente?"

Su debate venía en ese momento desde donde se sentía mucho mejor quedándose en su cama. Su duda sobre lo que era la vida ¿Nací entonces sólo para sentirme "bien", en lugar de para hacer cosas y experimentarlas? Las plantas, los pájaros, las serpientes están haciendo sus tareas, poniendo el mundo en orden de la mejor manera que se puede, lo llevaban a preguntarse ¿y yo no puedo hacer mi trabajo como ser humano? ¿Por qué no estoy haciendo lo que mi naturaleza me demanda?

Una de las mejores formas para empezar a cambiar tu realidad y desarrollar esta nueva virtud es hacer ejercicio. El ejercicio se vuelve una práctica espiritual, es una lucha diaria contra tus mayores aflicciones, la resistencia también te visita y es ahí donde tienes la oportunidad de decidir entre las dos direcciones, en ese momento estás en el mismo lugar en el que Hércules se encontraba o en la cama junto a Marco Aurelio eligiendo hacer su deber como humano. Cuando terminas tu sesión de ejercicio te sientes automáticamente con mucha más confianza, esto es porque pudiste cumplir algo que te habías propuesto. Elegiste el camino de lo correcto, el camino de la dificultad, del sacrificio y más allá de todos los beneficios que recibe tu cuerpo, lo más valioso es que elegiste la virtud de la disciplina. Elegiste vivir virtuosamente. Lo mismo pasa con la filosofía de tender tu cama apenas te despiertas, es una sensación de logro, de que ya has hecho algo importante en tu día. Estos dos caminos siguen presentándose una y otra vez. La vida te está dando muchas oportunidades de elegir el camino de la autodisciplina.

Una parte fundamental en este camino es cuando logré resignificar la palabra disciplina en mi vida, mi sistema nervioso empezó a responder diferente a esta palabra, dejé de sentirla pesada o como si alguien más me estuviera obligando a hacer algo. El nuevo concepto me regresaba a mi poder interno, a mi soberanía, sabía que la disciplina era mi aliada en la creación de una nueva realidad y se volvió una llave hacia una libertad jamás experimentada. ¿Qué emociones surgen cuando escuchas la palabra disciplina? ¿Qué recuerdo activa tu cuerpo cuando escuchas esta palabra?

Cuando te des cuenta del poder de esta virtud jamás dejarás de cultivarla en las diferentes áreas de tu vida.

La disciplina es decidir quién está a cargo, tu ser superior o tu ser inferior. Ésta te dará mayor libertad, aumentará tu nivel de confianza y podrás crear una vida que realmente ames. La disciplina se volverá tu ticket de entrada a tu nueva vida. La disciplina se volverá tu mejor aliada.

Disciplina es igual a libertad

Cuando sabes que es momento de crear una realidad diferente, una realidad con mayor prosperidad, una realidad donde diriges una empresa o donde te mudas a otro país, inclusive si tu deseo es crear una vida plena y en creatividad, vas a requerir cultivar la disiciplina. Sin importar cual sea la realidad que quieres experimentar, tendrás que activar en ti una nueva fuerza que te lleve más allá de tu versión pasada. Será una fuerza más grande que cualquier mal hábito que hayas tenido en tu versión del pasado.

No puedes esperar resultados diferentes si haces lo mismo todos los días, así que para tener resultados distintos tendrás que ir más allá de los hábitos que tienes. Lo que más te va a ayudar es conocer los hábitos que normalmente construyen tu vida actual y uno por uno revisarlos. Porque al final, eso es lo que está determinando tu vida, lo que eliges hacer en el día a día.

Llevaba meses pensando en salir de la empresa, había trabajado remoto desde diferentes países, me había tomado el tiempo de planear mi nueva vida y estaba cambiando mis hábitos pero aún faltaba lo más importante de todo. Dar el salto y realmente salir.

Una noche después de llegar del trabajo les hablé a mis papás, era la décima vez que les decía que iba a renunciar. Esta vez era diferente, por primera vez entendía lo que todos ponían en los libros sobre escuchar al corazón, esa noche por fin lo escuché. Era tan claro, no había duda, ya estaba lista para la siguiente etapa en mi vida, no era porque supiera con exactitud el siguiente paso, más bien era porque a pesar del miedo, de no tener certeza y a pesar de ver súper lejano el crear una empresa sabía que era lo correcto. Si quería experimentar un nivel de libertad diferente, habría que iniciar un camino diferente hacia esa libertad. En ese momento la libertad que estaba buscando era la libertad de movimiento, donde pudiera elegir dónde vivir sin que una empresa tuviera que decidirlo de acuerdo con los proyectos disponibles. La solución que se me había estado presentando fue la de crear mi propio emprendimiento digital, para tener esta facilidad de viajar constantemente y que, además, fuera rentable, porque para moverse entre países se requiere dinero.

Al día siguiente, como ya te platiqué, hablé con mi jefe y después de 8 meses de estar en un proceso de explorar nuevas formas de vivir le anuncié mi salida.

Nunca había tenido una empresa y menos digital, así que tenía que crear a un nuevo personaje en mi vida, una nueva identidad, Maryell emprendedora. No tenía ni idea de cómo era la vida de un emprendedor o qué necesitaba hacer, pero lo que sí sabía era que así como la universidad me había traído tan lejos gracias a mi constancia y disciplina, ahora tenía que aprender a ser una emprendedora.

Un día me di cuenta de que si quería una empresa digital, lo primero era aprender a hacer una página web para todos los servicios que iba ofrecer. Esa fue la nueva habilidad que aprendí. Durante 5 meses me dediqué a aprender y a construir mi página web hasta que tenía una página funcionando y donde podía también cobrar.

A esa página llegaron mis primeros clientes y la tuve activa por 3 años hasta que migré todo a Kajabi. Una plataforma donde no requieres saber cómo crear una página web, es mucho más sencillo de administrar y mejor opción si estás pensando en emprender.

Lo importante es que escogí una nueva habilidad, la desarrollé y tomé de aliada a la disciplina. Fui más allá de toda la conversación negativa, la frustración y la resistencia. El desarrollar esta habilidad me abrió las puertas para crear una empresa paralela, llamada DCG Consulting, enfocada en dar consultoría digital,en creación de páginas web y tiendas en línea. Dentro de esta empresa entrené a un equipo entero para que me ayudara a atender a todos los clientes que estaban llegando.

He escuchado que emprender no es para todos, la realidad es que emprender conlleva diferentes habilidades, principalmente una inteligencia emocional muy bien desarrollada, pero más allá de que no sea para todos, lo que he visto es que emprender es para aquellos que quieren tener mayor libertad en su vida, están apasionados por ir más allá de las limitantes de la sociedad, emprender es una forma de crear una nueva realidad, de poner tu creatividad al servicio de la humanidad.

Te reta intensamente, te hace crecer y, definitivamente, se requiere de un poco de locura para mantener una visión que la mayoría todavía no tiene.

Las habilidades que se requieren las podrás ir aprendiendo en el camino, eso sí, la mayor habilidad que vas a requerir es estar cómodo en la incertidumbre, el riesgo y pensar mucho más en el largo plazo. Lo mismo ocurrió cuando empecé a crear contenido, hasta que no lo hice aprendí a tomar el control en otros contextos. Cuando inicié no me consideraba una creadora de contenido, sólo alguien que compartía su camino emprendiendo, pero cuando me comprometí en crear esta nueva identidad y empecé a crear de forma diaria como un hábito es cuando empecé a ver resultados y las oportunidades empezaron a llegar como creadora, desde los audiolibros que hice con Beek hasta nuevas amistades con otros creadores de contenido que hasta la fecha me han ayudado a crecer como persona y se han vuelto parte importante de mi vida.

Otro gran ejemplo es este libro, jamás había sido una escritora y lo único que me está acercando a este nuevo personaje que estoy creando es la disciplina. Una escritora profesional a diferencia de un amateur es alguien que tiene una rutina de escritura, eso es lo que he requerido para este proceso. Escribo todos los días de forma disciplinada y constante. Esto en consecuencia crea un nuevo concepto sobre la persona que soy y me convierto en eso.

Esto no quiere decir que sea fácil, me encuentro con paredes que hay que atravesar, hay días donde sólo sentarse a escribir parece como la tarea más difícil. Y decido ir más allá de todo esto porque sé lo que hay del otro lado. Un amateur está buscando constantemente las mejores herramientas, investigando cómo ser más productivo, con esto evita hacer el trabajo que se requiere en cambio un profesional ejecuta, crea una estructura, un sistema porque sabe que la inspiración no es suficiente para alcanzar lo que se ha propuesto. El profesional crea límites, tiene fechas de entrega y prácticas que sostengan su sistema de trabajo.

La disciplina es una herramienta fundamental para crear una nueva identidad sin importar en lo que te quieras convertir, vicepresidente de una empresa, líder de una organización, actor, escritor o un inversionista. Es un proceso transparente, tener claridad de lo que quieres experimentar en tu realidad, crear una rutina diaria que alimente eso, ser constante y disciplinado con esa realidad que estás construyendo y ser esa persona todos los días. Cuando lo hayas logrado podrás elegir otra identidad o crear un nuevo concepto que quieras construir. Una parte importante de cambiar tu mentalidad es observando la información que consumes, esto es parte de tus hábitos diarios, pero es tan sutil que no podemos verlo como hábito. Estás rodeado de esta información todo el tiempo, las conversaciones que tienes, la música que escuchas, las cuentas que sigues en internet, todo esto son estímulos que están constantemente nutriendo tu camino.

Cualquier persona exitosa que conozcas es una persona disciplinada, sus éxitos vienen del compromiso con ellos mismos de estar en constante evolución y creciendo. No es opcional es esencial. Saben que la semilla que están plantando en este momento no crecerá mañana, saben que es un proceso en el largo plazo para recibir esos frutos.

La disciplina será parte fundamental en tu crecimiento personal. Es la base de tu nueva vida, se requiere de disciplina para cambiar los comportamientos y los hábitos que te mantienen siendo la misma persona todos los días. La disciplina se vuelve un acto de carácter. Después de observar algunos logros en mi vida me di cuenta que éstos habían involucrado disciplina y dejé de estar enojada con esta palabra, ahora era mi receta mágica, mi cómplice y mi secreto para cualquier sueño que quisiera cumplir y para enfrentar la resistencia, mientras estemos juntas, la resistencia no tiene oportunidad.

Por eso es tan importante que hagas las paces con esta palabra, redefinirla como la virtud de excelencia para alcanzar tu libertad y crear realidades maravillosas. Redefinir la disciplina es fundamental si quieres alcanzar una vida de trascendencia, felicidad y éxito. Va más allá de la parte intelectual, tendrás que redefinirla a nivel corporal también, tu sistema nervioso tiene que dejar de luchar, aprender que la disciplina no es tu enemiga y ahora será tu aliada. Redefinirla viene con la práctica diaria, decidiendo quién está, cargo en cada elección que tomas.

6. Buscando el éxtasis de la vida

Mientras tengas hambre de experiencia
vas a quedarte alrededor durante un buen rato.
Sólo cuando puedes ver a través de todos estos velos,
a través de tus propios deseos,
sólo entonces verás más allá de todo esto.

Era verano del 2017, había pasado un mes de haber dejado mi trabajo en SABMiller y estaba en el aeropuerto del Dorado, en Bogotá, tenía una maleta pequeña y me dirigí al mostrador a hacer check-in. La señorita me preguntó: "¿A dónde viaja?", a lo que respondí: "A Lima, Perú."

Mi escala sería en Lima sólo por un día para después tomar un vuelo a Tarapoto, una ciudad ubicada en la selva amazónica de Perú, en la parte nororiental del país. La ciudad está rodeada de palmeras, de lagos y de mucha naturaleza.

Llegué a Tarapoto el 14 de septiembre a las 5:50 de la tarde, el aeropuerto era pequeño y fue fácil salir y encontrar un taxi que me llevara a mi hotel que tenía reservado sólo por una noche, al día siguiente me encontraría con Naysha y con las otras 4 personas que habían llegado de diferentes lugares para realizar nuestra primera ceremonia de ayahuasca. Al día siguiente nos adentraríamos en la selva para pasar los siguientes 5 días en un proceso intenso de transformación interna. Había tenido nauseas, pesadillas, dolores de cabeza y miedo los días anteriores, sabía que era por la ceremonia y definitivamente estaba preocupada porque no sabía cómo me iba a ir. No había vuelta atrás, había viajado para hacer mi primera ceremonia con una planta de la cuál apenas había conocido 7 meses atrás.

La primera vez que escuché sobre ayahuasca fue en febrero del 2017 mientras estaba haciendo un programa de crecimiento personal con Brian Rose, en Londres, llamado Life Accelerator. Brain Rose es el fundador de London Real, un podcast creado en 2011 donde entrevista a personas que están impactando notablemente en el mundo en temas de negocios, ciencia, salud, educación, deportes y política. Dentro del programa conocí a un nuevo grupo de amigos, la mayoría trabajando en diferentes corporativos alrededor del mundo y teniendo las ganas de seguir creciendo como personas. La comunidad era internacional, había personas de Arabia, Noruega, Australia, Ecuador e Inglaterra, yo estaba representando a México.

Al finalizar este programa, Brian nos invitó a todos a pasar un fin de semana en comunidad haciendo diversas actividades con la intención de unirnos aún más. Las actividades fueron en varios lugares alrededor de Londres, la primera noche nos entrevistó en sus nuevos estudios en Shoredicth, saltamos al agua helada en los estanques de Hampstead Heath, tuvimos una cena increíble en Kings Cross y para cerrar, el domingo hicimos un tour por todo Londres. Durante todo el fin de semana conecté con muchas personas que me inspiraban y que me hacían ver el mundo desde otra perspectiva, pero de todas las conversaciones algo llamó mi atención. Susan Guner, Alex Biggs y Lachlan estaban teniendo una conversación más privada después de la cena que habíamos tenido el sábado. Recuerdo que me acerqué a ellos sin saber de qué estaban hablando, era muy cercana a los 3, los sentía como hermanos mayores que me ayudaron durante todo el programa, abrieron lugar para mí y me incluyeron en su conversación. Estaban hablando sobre su última ceremonia de ayahuasca, algo que personalmente desconocía pero que sonaba parecido a lo que había experimentado en el festival cuando había escuchado la voz.

Al escucharlos sentí que alguien más sabía sobre lo que había percibido ese día, que existía algo más allá de estos 5 sentidos, más sobre la realidad física. No quise preguntar mucho ahí, pero días después no me podía sacar eso de mi cabeza, estaba en mi mente todo el tiempo y decidí marcarle a Susan. Ella me compartió lo que conocía sobre esta medicina y también me habló sobre las personas con las que hacía estas ceremonias: su chamana de Perú y una pareja de Inglaterra que eran facilitadores, entre los 3 hacían retiros en Estocolmo, Inglaterra, Indonesia y Perú. A pesar de la información que me compartió en ese momento sentía que todavía no era tiempo, pero una semilla ya se había plantado en mí y no fue hasta que decidí renunciar a mi trabajo, 7 meses después, que le pedí el contacto de uno de ellos. Susan me pasó el dato de su chamana de Perú, Naysha.

Antes de viajar a Perú hablé de nuevo con Susan y ella me compartió unas últimas palabras: "No permitas que tu mente juegue contigo. Ríndete a la experiencia, Madre Ayahuasca está ahí para enseñarte y protegerte. Lo que te muestra son manifestaciones de tu subconsciente, confía en ti."

Eran las 10:00 de la mañana y me encontré con Naysha, que ya estaba en el restaurante del hotel con los otros 3 participantes que iríamos juntos a la selva. Ella tenía una cara muy alegre, se le veía bastante joven, había elegido ese camino a partir de un llamado y como parte de su entrenamiento había pasado varias semanas sola en la selva.

Naysha ya tenía unos mototaxis que nos llevarían a nuestro destino final, una hacienda llamada San Martín. Era la primera vez que veía estos mototaxis, un vehículo triciclo motorizado, o también llamados tuk-tuks, la aventura había empezado, llevaba ya un año sin haber podido procesar la información que había recibido la noche del festival, mi ansiedad estaba a tope y la vida que había conocido ya no existía, había dejado mi carrera profesional sin saber qué me esperaría en el futuro. Llegamos a un centro muy grande, con muchas habitaciones y un salón en el que pensé sería la ceremonia. Para mi sorpresa, las dos noches de ceremonia fueron en medio de la selva, con los árboles como protectores.

Naysha ya había tenido una llamada con cada uno de nosotros de forma individual, ella sabía que llevaba meditando varios meses y en lo que quería trabajar. En la llamada profundizó aún más en lo que era la medicina, como le llaman los indígenas.

La ayahuasca es una mezcla de 2 plantas diferentes, la primera es la chacruna, un arbusto con hojas verdes. Esta planta es la que contiene la molécula del DMT, la sustancia que provoca los efectos alucinógenos. El DMT es una sustancia que existe en toda la naturaleza. Es conocida como la molécula de Dios o del espíritu y se libera naturalmente del cuerpo cuando nacemos y cuando morimos.

La otra planta es una liana que da las propiedades de purga y es la que te ayuda a entrar al reino de la ayahuasca. También es el principal inhibidor de una enzima llamada monoaminooxidasa (IMAO), esto permite que nuestro cuerpo pueda recibir el DMT de la chacruna, de otra forma no tendría efecto en nuestro cuerpo porque el monoaminooxidasa que está en nuestro cuerpo degrada el DMT. Al mezclar las dos plantas y en el proceso de cocción se hace un té espeso con DMT

En el Amazonas se consume como parte de un ritual de reflexión y limpieza. Este té ha sido usado durante más de 500 años por chamanes del Amazonas como una forma de alcanzar estados expandidos de consciencia. La instrucción de cómo preparar esta bebida y cómo mezclarla la recibieron los indígenas directo de las plantas, en una región en específico, en los pulmones del mundo donde está el Amazonas, en Colombia, Bolivia, Perú y Brasil. Esta planta es conocida entre los indígenas de la región como una planta maestra porque tiene un poder o una virtud de transmitir mensajes y enseñanzas. Abren la consciencia y el camino hacia una evolución espiritual. La ayahuasca es considerada sagrada porque te conecta con la fuente de la vida, limpiando tus canales energéticos y abriendo tu percepción y tu consciencia.

Neysha, con otras personas que estaban como facilitadores prepararon el lugar donde sería la ceremonia, a pesar de que la hacienda tenía buen espacio dentro de la casa habían elegido un lugar abierto en la selva. Todos nos acomodamos con nuestros mats y Neysha cerró el círculo energéticamente, lo recuerdo muy bien porque los dos perros que eran parte de la hacienda dejaron de acercarse, no pasaban del círculo imaginario que había marcado.

Llegó el momento de dar inicio y cada uno se acercó a Neysha para recibir un vaso pequeño con el té espeso, regresamos a nuestros lugares y en silencio cada uno empezó a tomar esta bebida. Recuerdo que el sabor era muy fuerte, sabía amargo, a tierra, la textura era espesa y como grasosa, podría seguir describiendo este té pero la realidad es que sabía bastante mal. Después de tomarlo se sintió un silencio abrumador, los sonidos de la selva se escuchaban más fuertes que nunca, todos estábamos a la espera de entrar al reino de la ayahuasca. En algún momento me acosté, y por un par de horas pensé que no me estaba haciendo efecto porque no tenía visiones. No sabía en ese momento que cada uno experimenta los estados expandidos de consciencia de diferente manera, en mi caso fue a través de sentirlo todo, de repente empecé a sentir mucho dolor emocional. Sentía tristeza, enojo, resentimiento, impotencia y todo muy intensamente. Me estaba dando cuenta de lo que cargaba todos los días y cómo desde ahí vivía mi vida. Este dolor se empezó a intensificar cuando empecé a sentir el dolor de mis hermanos, el de mis papás y el del colectivo.

La medicina me estaba permitiendo sentir, algo que la mayoría hemos tratado de evadir toda nuestra vida y es justo por esa razón por la cual nuestras emociones dominan nuestra vida. No nos conocemos realmente. En ese momento estaba aprendiendo a sentir, pero no sabía qué tan intenso podía ser el miedo, el dolor, la ira.

No fue nada cómodo, estuve luchando todo el tiempo, mi cuerpo se resistía a conectar con esta fuerza tan grande y nunca había sentido tantas emociones juntas. Mi resistencia más grande era a sentir, mi mente luchaba para no hacerlo. Recuerdo momentos en los que Neysha cantaba unos ícaros que intensificaban todo, después había instantes de absoluto silencio y calma.

Esa noche, después de unas de 6 horas de estar en un estado expandido de consciencia, cerramos la ceremonia. Neysha nos ayudó a todos a regresar y conectarnos de nuevo con nuestro cuerpo y la tierra. Yo estaba muy agotada y al finalizar subí a mi cuarto, era grande y no había nadie. Apenas llegué me tiré en la cama viendo a la ventana y en ese momento vi algo, un jaguar negro del tamaño de toda la pared. En toda la sesión no había tenido ninguna visión pero en ese momento con mis ojos bien abiertos estaba viendo un jaguar. No me dio miedo, sabía que me estaba cuidando, me sentía protegida por él y me pude tranquilizar gracias a que esta energía estaba conmigo acompañándome. La sensación era como el de una madre cuidando mis sueños, conectando con el dolor que sentía y simplemente estando presente recordándome que todo estaba bien. Recuerdo que intentaba no quedarme dormida, abría los ojos sólo para asegurarme que el jaguar negro seguía conmigo hasta que por fin me quedé dormida.

Después de la ceremonia, traté de escribir en mi libreta y recuerdo haber puesto:

15 de septiembre, 2017
No entendí mucho. ¿Qué fue todo eso?

No tenía ni la fuerza para escribir en ese momento, sentía que no tenía cabeza para nada. Estaba muy agotada.

Dejamos pasar una noche para hacer nuestra segunda ceremonia en la hacienda, no podía compartir lo que había vivido porque intelectualmente no podía ponerle nombre a lo que había sentido, estaba muy abrumada por todo.

Llegó el día de la segunda ceremonia y después de tomar la ayahuasca empecé a observar los árboles que nos rodeaban como los guardianes del lugar que nos acompañaban esa noche, eran unos seres gigantes que nos cuidaban. En la segunda ceremonia tampoco la pasé bien, por todos lados veía seres con caras deformadas cuando mantenía mis ojos abiertos. Todo lo que estaba en mi subconsciente se estaba reflejando en estos seres y yo estaba aterrorizada.

Cuando cerraba los ojos sentía una cantidad de energía que jamás había experimentado, ésta pasaba por todo mi cuerpo y como no podía controlarla me asustaba, era como si estuviera conectada a la corriente y ésta recorría toda mi columna, empezaba desde mis pies y podía sentirla en mis brazos y hasta en mi cabeza. Esto duró horas, era como si no pudiera desconectarme de esta corriente de energía y cuando se calmaba y abría los ojos lo único que presenciaba eran formas muy bizarras.

Esa noche volví a ver al jaguar en mi cuarto, me cuidó una noche más. Sentí su presencia como un abrazo amoroso. Antes de dormirme escribí en mi libreta:

17 de septiembre, 2017
Me siento drenada, como si fuera un zombie, sin fuerza de hacer nada. He sentido tanto dolor estas dos noches. Muchos sentimientos. Todo lo que esperaba recibir de madre ayahuasca no lo recibí. Entré con miedo y salí aterrorizada.

Seguía sin compartir y procesar lo que había vivido ese fin de semana, no podía, era como si mi mente no tuviera palabras o la inteligencia necesaria para darle sentido a lo ocurrido. Finalmente, al día siguiente empezaron a bajar las palabras y escribí en mi liberta:

> 18 de septiembre, 2017
> Toda mi vida he estado en una lucha constante con la vida, igual que en la primera ceremonia. He estado luchando contra el amor, en contra de la vida, he estado luchando conmigo, con la madre Tierra. Es momento de amarme y parar de luchar. Esto no es vida. Vivo con miedo de vivir todos los días. Todo en la vida es una enseñanza.

Al terminar el retiro sentía que no había conseguido lo que buscaba. Todos me habían hablado de este amor que se sentía, del éxtasis y de esta sanación que ocurría y al tener una expectativa tan específica pensé que la medicina no había funcionado, cuando la realidad era que ese proceso era el que requería, darme cuenta de las emociones que cargaba y ver la resistencia que sentía a la vida.

Me dijeron que la ayahuasca era un *bootcamp* para la muerte. Te muestra qué tan en paz estás para trascender y dejar todos los apegos de esta realidad. Definitivamente estaba lejos de esa paz.

Me había quedado en el drama, la medicina sólo había amplificado toda mi ignorancia, no pude ir más allá del apego de esta realidad. Era una vista amplificada de lo que había estado guardando por mucho tiempo. Estaba accediendo a mi cuerpo emocional y no se sentía nada bien. Sin lograr ver más allá de mi aflicción me quedé en la superficie y me tardé bastante tiempo en integrar esta experiencia. Por primera vez pude sentir el dolor que mi cuerpo llevaba cargando.

Sin saberlo, era el primer paso necesario en este camino, sentir y darme cuenta que debía conectar con mi cuerpo emocional pero mi mente no pudo entenderlo en ese momento y yo me enojé aún más con esta planta sagrada por no haberme mostrado el amor que tanto buscaba. Seguía negándome al amor. Seguía en la ilusión de la mente y el enojo se intensificó.

Dos meses después decidí regresar a Bali. Sólo tenía pasaje de ida, era mi segunda vez en la isla, pero esta vez no sabía cuánto iba a quedarme, podían ser 2 meses o todo un año. Llegué decidida a crear una nueva vida en Asia. Había iniciado mi emprendimiento de vender té matcha en Europa y podía hacerlo crecer desde la isla como lo hacían otros nómadas digitales. Como ése sería mi enfoque decidí buscar una villa en Canggu, un lugar cerca de la playa y donde hay muchos emprendedores digitales.

Un día recibí un correo de los facilitadores de Perú, iban a estar en Bali dando otra ceremonia. Mi mente automáticamente pensó que era mi oportunidad para encontrar el éxtasis que tanto estaba buscando. Una tercera oportunidad para conectar con el amor que tanto buscaba.

Les escribí para vernos antes de la ceremonia, nos quedamos de ver en Atman, un café muy lindo que queda en Ubud. Tomé mi scooter y después de una hora de camino llegué a Ubud. Ya que estábamos todos les comenté cómo me había estado sintiendo después de la última ceremonia en Perú y quería que me ayudarán a saber si era bueno volver a hacer otra ceremonia sabiendo lo mal que la había pasado.

En ese momento ellos me dijeron que lo mejor era no hacer la ceremonia debido al estado en el que estaba. A diferencia de Perú, en esta ocasión la ceremonia iba a ser con más personas y tenían que cuidar la energía del grupo, por lo que decidieron no incluirme esta vez. Cuando los facilitadores me dijeron eso, sentí el mayor rechazo de la vida. No fue un rechazo de parte de ellos, el rechazo lo sentía de la energía de la ayahuasca. Me dolía tanto que algo tan sagrado no me hubiera permitido estar en esa sesión. Regresé a mi villa en Canggu y por una semana entera no salí de mi cuarto, en ese momento el rechazo amplificó el dolor de ser rechazada en varios momentos de mi vida. Se sentía como si estuviera sintiendo el dolor no sólo mío, sino el rechazo que en algún momento había sentido la humanidad.

Algo grande estaba pasando y yo no alcanzaba a comprenderlo. A pesar de no haber estado en esa ceremonia, la vida se estaba convirtiendo en mi ceremonia personal. Había empezado un proceso de purificación y Bali se estaba volviendo mi expansor de consciencia, el catalizador, el vortex de energía para que pudiera hacer un proceso más orgánico y profundo.

Durante años me alejé completamente de este tipo de medicinas y continué mi camino con ayuda de la meditación. Lo que no sabía es que no importaba la herramienta, necesitaba experimentar el dolor para abrir mi corazón y conectar el amor que tanto estaba buscando. Inicié un proceso de conexión con lo más profundo de mi Ser. Después de estar una semana entera sintiendo el dolor del rechazo, empecé a regresar a mi cuerpo físico. Decidí dejar el lugar donde vivía, dejé de trabajar en mi emprendimiento, ya no quería estar en Canggu y busqué un hotel para pasar mi cumpleaños en Ubud, un lugar que es conocido por sus centros de yoga y tener una oferta muy amplia de prácticas espirituales. De hecho, Ubud, viene de la palabra "ubad", que significa "medicina". Sin saberlo, mi alma me estaba moviendo a esa parte de la isla, era el momento y el lugar para de iniciar un proceso de sanación. La isla se prestó de espejo para que pudiera ver todo eso que no podía ver en mí. Me ayudó a ver mi sombra y a experimentar destellos de belleza, de generosidad, de asombro. La ceremonia en la que no pude estar esa noche con los facilitadores de Perú estaba pasando en mi interior, sin darme cuenta.

Al llegar a Ubud me inscribí a clases de meditación, de yoga y la mayor parte del tiempo me la pasaba escribiendo y visitando cafés. Pude celebrar mi cumpleaños número 29 en Yoga Barn y me la pasé maravilloso esa semana. Fue como un descanso entre tanto caos y procesos que estaba viviendo.

Pasaron un par de semanas y un día desperté y noté que algo me había picado en la cara, se veía como varios puntos rojos en mi mejilla izquierda. No sabía si era una alergia y me preocupé, pasaron los días y fue creciendo la hinchazón, después apareció también en mi brazo izquierdo. La forma que tenía era como un gusano, grande y no se quitaba. Los doctores no sabían qué era, me recetaron una crema que compré, pero tardó al menos unos 6 meses para que todo se quitara de mi cara y de mi brazo. Hasta la fecha tengo la marca en mi brazo izquierdo.

Yo estaba preocupada por esta reacción que había tenido, lo sentía como una señal, pero ¿de qué? El 24 de diciembre mientras manejaba mi scooter hacia uno de mis cafés preferidos en Bali mi mente se distrajo viendo los tipos de cambio porque justo quería cambiar mis libras esterlinas.

Fueron 3 segundos, pero esos tres segundos de distracción hicieron que me estampara con una van. Recuerdo haber visto la van tan cerca que lo único que pude hacer en ese momento fue cerrar los ojos.

Sentí que mi vida había terminado. El semáforo había cambiado y la van se detuvo en seco; y yo, a pesar de no ir a una velocidad tan alta me terminé estrellando. Ese día había decidido usar manga larga y jeans, algo muy raro porque la mayoría de las veces iba con yoga pants y un top. Pero justo unos días antes había ido a Denpasar en scooter, la capital de Bali, y me quemé la piel porque estuve dos horas bajo el sol manejando.

Ese día del accidente, el llevar jeans y manga larga ayudó a que el impacto con el asfalto no fuera tan catastrófico. Los raspones fueron menores, aunque, ¡no aguantaba mi coxis! Abrí los ojos y una cantidad enorme de personas estaban a mi alrededor, la mayoría eran extranjeros y un par de balineses. El foco de la van se había quebrado por completo y mi scooter se había destrozado de toda la parte delantera y del lado izquierdo donde tocó con el piso.

Uno de los dos balineses que estaban ahí me dijo que era mejor que le diera dinero a la van en vez de involucrarme con la policía, no recuerdo cuánto dinero le di o si se lo di después, eso se volvió irrelevante en ese momento. Sólo supe que eso se resolvió de alguna manera, había tantas personas ayudándome que seguro alguien habló con la persona de la van y le dio el dinero.

Después de respirar y volver a mi cuerpo, sabiendo que seguía viva, tomé mi scooter y seguí mi camino. El scooter, a pesar de verse destruido, al menos prendió. Esa tarde fui a una clínica para que me revisaran, mi coxis me dolía mucho y quería que me mandaran a un hospital para hacerme rayos X o algo que me asegurara que estaba bien. Tenía miedo que el golpe hubiera dejado daños permanentes, pero el médico en turno me revisó y me dijo que sólo tenía que descansar para que se desinflamara y que pronto podría hacer yoga y estaría bien. Yo me fui tranquila a mi casa a descansar por unas horas.

Un par de días antes había conocido al primer mexicano en todo mi viaje y me había invitado a una cena de navidad donde varios extranjeros que ya eran residentes en la isla se iban a juntar.

El mismo día del accidente fue la cena de navidad y a pesar de la recomendación del médico, tomé mi scooter para llegar al lugar donde todos sus amigos se reunirían. Era la casa de un hombre ya mayor. Un americano que había vivido por más de 20 años en Bali y había vivido una vida de muchos viajes. Su casa estaba entre la selva, apenas llegué y sentí que estaba en casa. Ahí conocí a varias personas con las que seguí en contacto mucho tiempo después.

Durante la noche salió la conversación de mi accidente. No sabía qué hacer con mi scooter, era rentada y sabía que me iban a cobrar lo que ellos quisieran si la regresaba así. El dueño de la casa, quién conocía bien la isla, me dijo que lo viera en una dirección en específico al día siguiente. Me presentaría a su mecánico de confianza, estaba seguro que él me podía ayudar a encontrar las piezas y dejar como nuevo el scooter.

Al día siguiente nos encontramos en el taller mecánico y dejé mi scooter confiando en que se vería como nuevo. A los días fui por él y cuando me lo entregaron era como si nada hubiera pasado.

A pesar de que se solucionó lo del scooter, decidí irme de Bali. La ceremonia había terminado después de varias semanas. Compré un vuelo a Tailandia para seguir mi búsqueda del éxtasis de la vida, de los que todos los maestros hablaban. En Bali tampoco lo había encontrado.

Compré el vuelo y escribí al centro budista en Tailandia para ver si tenían un espacio disponible para entrar en su centro el primero de enero del 2018. Sólo había espacio por 3 días y lo tomé esperando que alguien no llegará o cancelara para quedarme al menos 10 días.

Cuando salí de Bali, sentía como si la isla me hubiera escupido. No sabía cuándo iba a regresar a allí, pero sabía que no iba a ser pronto. Seguí mi búsqueda en Tailandia. Ya no quería saber nada de plantas sagradas así que mi siguiente parada fue el centro budista Wat Phra That Doi Suthep que se encuentra a 15 km de la ciudad de Chiang Mai, en el norte de Tailandia.

Aquí tuve mi primera experiencia mística a través de la meditación. La meditación en el centro budista no era fácil, los primeros días el proceso era el mismo, depuración, observación y muchas emociones guardadas empezaron a salir, desde la tristeza hasta el enojo.

Entré al centro budista en Tailandia el primero de enero del 2018. Lo único que quería era seguir buscando otras formas de conectar con el amor, con el éxtasis de la vida.

Me recibió un monje budista, me enseñó mi cuarto y con un inglés que no entendía muy bien me dijo que la primera sesión era a las 5 de la mañana en un salón que estaba arriba de la montaña. Me recomendaba llegar 5 minutos antes como respeto y me compartió las reglas del lugar.

Cuando supe las reglas del lugar noté que tenían un parecido a los mandamientos en el catecismo, pero ahora sí decidí llevarlos a cabo sin cuestionar, como respeto a las enseñanzas.

En ese momento tomé una foto antes de guardar por completo mi celular, me sorprendió ver que jamás había sentido la importancia de los mandamientos, pero en esa ocasión conecté con cada una de las reglas como si fueran las llaves para iniciar este camino. Éstas eran las reglas que me había compartido:

Reglas para los meditadores:

- Abstenerse de matar seres vivientes.
- Abstenerse de robar.
- Abstenerse de cualquier actividad sexual o romántica.
- Abstenerse de hablar mal.
- Abstenerse de drogas o alcohol.
- Abstenerse de comer comida sólida después de medio día.
- Abstenerse de diversión y embellecimiento.
- Abstenerse de camas y asientos lujosos.

Adicional a esto no estaba permitido leer, escribir o usar el celular.

Desde el primer día ya me estaba retando la vida a seguir la primera regla. Cuando fui a los baños me topé con una araña de un tamaño que jamás había visto, era realmente grande y delgada. Mi primer instinto fue desbaratar la telaraña y matarla. En ese momento comprendí la importancia de la primera regla, no matar a ningún ser vivo, incluyendo una araña, aunque estuviera en tu baño. El reto de meditar ya era bastante, pero el reto de convivir tan cerca con este tipo de animales era aún mayor. Las reglas estaban claras y yo las iba a seguir.

No hice nada con la araña, te va a sorprender esto, pero al día 7 ya sentía una conexión con la araña, igual había caído en la locura, pero era su casa y yo estaba de visita.

Otro día estaba caminando por la montaña contemplando el bosque cuando me paré en seco al ver una araña aún más grande que la que vivía en el baño y me asombré de la maravilla que estaba enfrente de mí, al menos esta araña no estaba en mi baño y me empecé a reír ahí mismo. Desde ese momento, mi reacción automática de matar cualquier insecto cambió, no porque me haya iluminado, comprendí un mandamiento que jamás había integrado en toda mi vida: "No matarás."

En esa misma montaña aprendí a tomar agua caliente por las mañanas, sin té, sin café, y a tomar el sol apenas se ponían los rayos. Era enero y pasé mucho frío en las noches estando ahí. Yo no tenía mucha ropa para el frío, mi maleta era ropa para vivir mayormente en la playa. Lo bueno era que tenía dos térmicos que usaba debajo de la ropa de vez en cuando.

El agua me mantenía caliente a las 5 de la mañana y los rayos del sol los usaba de calefacción para calentar mi cuerpo antes de entrar a meditar. Mi cuerpo sentía la diferencia.

Cuando llegué al centro sólo tenía reservado 3 días porque no había más disponibilidad, el monje que me recibió había visto mi solicitud para extender, me dijo que si alguien se retiraba antes podía conservar mi lugar.

Al tercer día fui con el monje y alguien había dejado el centro, así que tenía ahora 4 días más, después fui al séptimo día y alguien más había dejado otro lugar, ahora tenía 15 días en total para quedarme. En el centro budista en Tailandia nadie te obligaba a completar 3 días, 10 días o 15 días. Tú decidías el tiempo que te ibas a quedar y cuándo retirarte.

Yo estaba feliz de que alguien me hubiera dejado su lugar para quedarme los 15 días. Todos los días me despertaba a las 4:30 de la mañana, a las 5 empezaban las enseñanzas del maestro y a las 6 meditaba una hora antes del desayuno.

A las 7:30 terminábamos de desayunar, meditabas 3 horas y a las 11 regresábamos al comedor por la última comida del día y lo único que había que hacer a partir de esa hora era meditar hasta las 8 de la noche. Veías al maestro a mediodía sólo 5 minutos para que te diera las siguientes indicaciones y eso era todo.

El resto del día dependía de ti, no volvías a comer hasta el siguiente día a las 7 de la mañana, no había nadie detrás de ti viendo si estabas meditando o no. Nadie estaba ahí obligado y dependía enteramente de ti. La mayoría de los que estábamos ahí queríamos ir más allá de nuestro sufrimiento, queríamos encontrar respuestas a nuestra confusión y queríamos dejar de sentirnos perdidos en la vida. Cada uno tenía una razón diferente de estar ahí y eso era suficiente para seguir las reglas y la nueva rutina.

La primera vez que sentí energía dentro de mi cuerpo fue muy revelador. Llevaba 7 días meditando por más de 8 horas al día, me sentía frustrada porque mis expectativas eran altas, yo había llegado a Tailandia para encontrar paz, tener alguna experiencia mística y sentir este éxtasis con la vida. Lo tenía muy claro, era mi meta como otro KPI más en mi trabajo corporativo, pero esto no estaba resultando.

Yo seguía meditando más y más horas porque seguía siendo muy competitiva en ese momento.

Al inició era frustrante que el maestro sólo me diera un punto nuevo de enfoque y yo no sabía si realmente ese punto era donde yo estaba poniendo mi atención. Él simplemente te decía que imaginaras que había una moneda pequeña en tu hombro o en tu cadera o en tu espalda, cada día se iban sumando los puntos o monedas. Para mí era sólo eso, me desesperaba porque no había ninguna explicación de qué eran esas monedas o porque mi atención tenía que ir ahí exactamente. La indicación era la siguiente: si olvidabas la secuencia de los puntos había que volver a empezar, nadie te estaba vigilando, tú eras el único responsable, la cuenta estaba en tu mente.

Yo hacía caso, a pesar de que nadie estuviera viendo lo que hacía. Yo quería saber qué pasaba si meditaba 8 horas al día en un punto imaginario que no tenía ni idea de qué era o hacia dónde iba.

Al final del séptimo día, algo muy mágico pasó, algo cambió. Sentí mi cuerpo por dentro —no todo mi cuerpo, sólo los puntos en los que había puesto atención—, como si alguien hubiera prendido los focos de navidad y yo sentía la corriente que pasaba entre cada uno de ellos y cómo se prendían de forma espontánea. No me asusté en ese momento, me sorprendí de lo que estaba pasando, era la primera vez que sentía mi cuerpo por dentro y la energía fluía a través de los 28 puntos que llevaba imaginando durante 7 días seguidos. La sensación fue sutil a comparación de otras veces que he estado en meditaciones sintiendo esta energía recorriendo mi cuerpo, esta fue una de mis primeras experiencias místicas meditando.

Cuando supe lo que se podía lograr quise meditar más y aunque jamás pasó exactamente lo mismo, las otras experiencias me han impresionado tanto como ésa, incluyendo visiones y canalización de mensajes.

Cuando te empiezas a comprometer con la práctica, más allá de estas experiencias, el silencio da espacio para que todo lo que venías tratando de ocultar o evadir salga a la superficie. Es como si hasta ese momento hubieras estado empujando varias pelotas debajo del agua, tratando de que se mantengan ahí en vez de dejar que floten en la superficie y finalmente las veas. Uno imaginaría que en un retiro de silencio lo que vas a encontrar es paz, pero tus emociones, incluyendo tu ansiedad, saldrán a flote. Ya no podrás seguir empujando y rechazando.

La meditación puede resultar difícil y desagradable por todo lo que te puede mostrar, pero atravesando esa pequeña dificultad puedes encontrarte con experiencias místicas que te hacen llorar, donde sientes que se te abre el corazón como jamás lo has sentido, donde estás en dicha y en serenidad. Es un proceso donde tu cuerpo y tu mente están sanando, están purificándose y donde le permites a las emociones reprimidas que salgan a la superficie para finalmente ser vistas.

Para llevarte a donde quieres estar,
puede que la meditación te muestre
lo que no quieres ver.

Esto no sólo pasa en un retiro de silencio, también sucede en cualquier camino de sanación, siempre es incómodo al principio. Las emociones empezaban a salir sin estar pensando en algo en específico. Estando en ese espacio no había a dónde huir, no puedes tomar el celular, tampoco puedes escribir, ni leer, estás solo contigo, ni el maestro está cerca. Estás con tu cuerpo y tu mente. Durante mis sesiones se me estaba mostrando todo tipo de emociones, desde la depresión, la ira, la envidia, el dolor, la avaricia. La quietud y el silencio estaban amplificando lo que ya había dentro de mí. Es como si la práctica de meditación fuera una lámpara dentro de un cuarto oscuro. La práctica me estaba enseñando a observar.

Cuando salí del centro budista en Tailandia, mantuve mi práctica diaria que consistía en caminar 20 minutos para calmar la mente a través del cuerpo, después meditar sentada en silencio 30 minutos; esto lo repetía en el mismo orden 2 horas seguidas todos los días.

Lograr buenos hábitos y disciplina te permite enfocarte y mantener despiertas tus intenciones, así, si estás en tu ciudad o en otro país, podrás mantener tu rutina, con esto tu cuerpo y espíritu harán lo posible para mantener los hábitos anteriores, lo saludable. Es bueno señalar esto porque sin duda tu mente encuentra otras formas para distraerte, te lleva por muchos lugares e inicia un proceso de resistencia. Realmente muchos dejan la meditación en esta etapa donde las emociones se vuelven muy incómodas o donde simplemente el cuerpo ganó al no encontrar la postura correcta, pero justo pasando esta etapa es cuando empiezas a encontrar las joyas y es ahí donde puedes entrar en estados meditativos.

Así como un nadador ama la sensación cuando está debajo del agua, o el esquiador cuando está en la montaña, o alguien haciendo algo que ama, esa sensación de flow, de estar en completa liberación, es muy parecida cuando uno entra en un estado meditativo. Unos días es más fácil entrar, otros días ni lo logras, pero se puede decir que ha valido la pena tanto entrenamiento. Al final la práctica es eso, un entrenamiento mental para que puedas recordar.

Cuando empecé a meditar, un año antes, no le veía sentido a la práctica, en mi mente sólo había un pensamiento: estoy perdiendo tiempo haciendo esto, puedo estar contestando correos o avanzando en un excel pendiente del trabajo.

Hasta que un día, estando en el mismo cuarto empecé a sentir emociones que jamás me había permitido sentir. En ese momento sabía que había algo más grande en esta práctica que sólo cerrar los ojos. Eso me hizo continuar y la práctica me llevó a tener experiencias místicas, acceder a un espacio de mucha paz y enamorarme de estar en silencio.

Fui a retiros, escuelas de meditación, eventos de meditación, todo lo que pudiera hacer lo hice de forma obsesiva hasta que terminé siendo muy buena para entrar cada vez más fácil a estos estados. Lo que no estaba viendo es que pasaba más horas en estas prácticas que en la realidad.

Mi práctica se volvió, de alguna manera, mi obsesión, y también una forma de huir, cerraba los ojos y ya mi realidad no existía, entraba en otra realidad donde experimentaba dicha, plenitud, paz. Había aprendido cómo entrar a un estado meditativo y lo usaba para evadir mi realidad. La meditación se había vuelto un evasor, todo se sentía mucho más en calma en estos estados, y prefería eso a todo lo que estaba pasando en mi vida en ese momento. Terminé haciendo sesiones de meditación de 4 hasta 6 horas al día, no me había dado cuenta que estaba quedándome en una de las trampas de este camino.

Me había obsesionado en encontrar el éxtasis constantemente usando la meditación como vehículo. Todo puede causar adicción a pesar de que esto se vea como lo más sano que existe en el mundo, inclusive la meditación. Llegué con mi terapeuta un día y le dije que creía tener un problema.

Como seres humanos somos propensos a evadir el dolor, la incomodidad y cualquier otra emoción que nos altere.

Usamos diferentes formas para evadir el sentir y escuchar, desde fumar, tomar después del trabajo, hacer mucho ejercicio, ir de compras, usar drogas, meditar, hacer plantas sagradas o usar ansiolíticos que tu psiquiatra te recomendó.

Algunas se verán más sanas que otras, pero, si las llevas al extremo se vuelven una adicción, algo que usas para evadir tu realidad. Cuando esto sucede con tu práctica espiritual, sin importar cuál sea, en vez de ayudarte a ser más consciente durante tu día, tu práctica se vuelve un *by pass* para disminuir el sufrimiento, desde un lugar de rechazo, de no querer verlo, de usar un curita rápido y mejor rápidamente sentir emociones de amor, de éxtasis, de paz, de plenitud, conectar con nuestra luz o nuestro Ser espiritual, pero rechazando lo que somos, humanos.

En los años 60 muchos maestros espirituales en Occidente empezaron a modificar las prácticas espirituales del budismo o del hinduismo que aprendieron en la India o en el Tibet. Empezaron a modificarlo a lo que se acomodaba más para ellos, un enfoque más en el individuo, los logros, en alcanzar algo y no tanto en el colectivo, en la vida y la evolución de la humanidad como un todo.

Cuando llegaron estas prácticas a Occidente, muchos las usaban para estar *high* todo el tiempo, conectado con lo divino, el éxtasis, sin importar que esto fuera a través de la meditación, el sexo, los cantos con mantras o psicodélicos. La intención era la misma y sabían que no importaba el vehículo, había muchas formas de lograrlo, lo que importaba era sentir esa conexión con algo más grande la mayor parte del tiempo que estuvieran vivos.

Ese momento eran años enfocados a la liberación, donde el uso de estas técnicas era visto como una forma rápida a la iluminación. Llegó a un punto donde Timothy Leary, uno de los precursores del uso de LSD y muy amigo de Ram Dass, comentaba que si ponían LSD en el agua podían iluminar a toda la humanidad. Ram Dass, nacido con el nombre de Richard Alpert fue un maestro espiritual, psicólogo y escritor. Recibió su grado P.h.D en psicología en la Universidad de Stanford en 1957. Después, en 1963, fue un académico e investigador en Harvard, también trabajó como psicoterapeuta. Ha escrito más de 12 libros sobre espiritualidad y en los años 60, con Timothy Leary, iniciaron investigaciones con LSD y psilocibina para usarlos como tratamiento terapéutico, estas investigaciones las hacían con varios estudiantes de Harvard cuando todavía era legal. Al darse cuenta que los experimentos eran con alumnos, la institución echó a Timothy Leary y a Richard Alpert. Ram Dass después de más de trescientas veces tomando LSD se dio cuenta que siempre había una bajada. Primero estaban en el reino de los cielos y percibiendo nuevos estados de consciencia donde todo era armonía, pero volvían a bajar a la vida polarizada de cada día. Años más tarde, descubrió que en el Libro Tibetano de los Muertos, describían varias de las experiencias que ellos habían tenido, así que decidió irse a la India con otros dos colegas en 1967 y ahí es donde encontró a su Gurú: Neem Karoli Baba o, como lo nombraban, Maharaj-ji.

En una conferencia, Ram Dass comentaba que cuando él y más personas se estaban adentrando a las prácticas del hinduismo y del budismo, empezaron a tener experiencias espirituales que los llevaron a un momento de materialismo espiritual porque todos estaban en una alegría constante, en dicha. Todos estaban teniendo experiencias viendo bolas radiantes que les hablaban. Ram Dass confirma que fue una época increíble y reveladora, pero lo interesante es la manera en la que reaccionaron a todo esto que se les presentaba, porque se enamoraron de todos los fenómenos que ocurrían como resultado de sus prácticas, como la meditación y sus prácticas de purificación.

En ese momento todos eran muy vulnerables a la espiritualidad material. Es decir, que si alguien tenía un Ford en su cochera, ellos tenían un ser de otro plano en su cuarto. En esta conferencia, Ram Dass confirma que las tradiciones del Oriente ya les habían advertido de todo esto diciéndoles: "No se queden atrapados en los estados de trance, sólo nótenlo, asientan con la cabeza y sigan adelante. No se estanquen en eso." Para ellos todo esto era algo tan nuevo como para dejarlo ir, porque es difícil entender que la liberación espiritual es muy ordinaria, nada especial y es lo que la hace más preciada.

Muchos siguen usando estas herramientas como una forma rápida de liberación, yo lo hice por mucho tiempo y debo aceptar que sin darme cuenta prefería estar en estos estados para conectar con otros estados de consciencia, para estar en este espacio de trance donde uno puede desconectarse de esta realidad. Y sí, todas estas experiencias místicas se pueden obtener y pueden ser muy tentadoras, pueden hacer que te quedes atrapado en otras realidades que parecen tan reales como ésta, pero mucho más placenteras y llenas de amor.

Cuando en los años 60 las personas empezaron en esta exploración espiritual, lo que más se buscaba era estar afuera de este mundo, del mundo material, de la tridimensionalidad y sólo estar conectado con la divinidad. Y esto es lo que pasa también ahora, estamos buscando diferentes herramientas espirituales para conectar con la divinidad sin haber pasado por un proceso de purificación, de abrazar tu humanidad, de abrazar todo lo que eres y lo que puedes ser.

Los maestros budistas le decían a Ram Dass y a todos los que estaban empezando a tener estas experiencias que no se quedaran estancados en el trance, es muy fuerte para Occidente entender que la liberación espiritual es muy ordinaria porque siempre queremos estar haciendo o experimentando algo.

Ram Dass decía que no queremos terminar siendo un meditador, lo que queremos es la liberación. Muchas personas terminan siendo meditadores, pero el método debe de atraparte y, si éste realmente funciona, se destruye a sí mismo y vas más allá del método. Eres libre del método.

Cuando uno medita, empieza a calmar tanto su mente, te concentras tanto, que esa energía que se usa para estar alerta de todo lo externo y de las preocupaciones del día, ahora se puede usar para conectar a otros planos de conciencia y mucha gente tiene experiencias con la energía que empieza a moverse a través del cuerpo, a esta energía tan poderosa y que está en nosotros se le llama shakti o kundalini, la cual es una energía que va subiendo a través de la espalda.

Las experiencias místicas que logras tener en tu práctica, es el trance del que hablaban los maestros de Ram Dass, el trance donde no quieres quedarte, ésa no es la liberación del sufrimiento. Es como si fuera parte de este proceso y cuando puedes ir más allá de eso puedes descubrir que el verdadero entrenamiento está en donde enfocas tu atención.

Había encontrado en la meditación un tipo de éxtasis que me ayudaba a sentirme mejor entre tanto caos y confusión y aún así no estaba ni cerca de comprender la belleza que ya existe en esta realidad y el privilegio que tenemos de experimentar este mundo dual como seres humanos. Mi camino de búsqueda inició cuando escuché la voz en Londres y parte de esta curiosidad y gran confusión sobre la vida me llevó a diferentes países buscando respuestas. Después de pasar tantos años trabajando fuera de México finalmente regresé en el 2018 y sin saberlo, México se volvería parte importante de este proceso.

Estando en México fui a mi primer retiro de Joe Dispenza en Cancún, en diciembre del 2019. Habían pasado casi dos años desde que había entrado al centro budista donde aprendí a meditar. No soltaba mi práctica y al estar tan comprometida con mi práctica de meditación quería llevarla a otro nivel, entenderlo desde un lugar más científico y tener más información. Había seguido el trabajo de Joe Dispenza desde la primera vez que visité Bali en el 2017, de vez en cuando hacia sus meditaciones, escuchaba algún podcast y me leí sus libros, *Sobrenatural* y *Deja de ser tú*, pero lo que realmente quería era experimentar su retiro avanzado de una semana.

Tenía la intención bastante clara de seguir creciendo como persona. Me animé y compré la entrada al retiro que haría en Cancún. Joe Dispenza es doctor en Quiropráctica, escritor e investigador especializado en neurología, neurociencia, y biología celular. En sus libros y retiros ha conseguido sintetizar grandes dosis de información sobre el potencial humano y la meditación desde un enfoque científico. Lo que me gusta de su enfoque es que usa conceptos que no están ligados a una religión en específico o filosofía, eso ayuda a que haya neutralidad en sus metodologías.

Llegué al aeropuerto y ya había alguien esperándome con un letrero que decía "Joe Dispenza", tomé una foto del señor y mi emoción desde ese momento creció. Estaba en mi primer retiro de Joe, estaba lista para profundizar aún más en mi práctica de meditación.

Llegamos al Grand Velas en Cancún y la recepción era enorme, el lugar increíble, bajé de la van y después de dejar todo en mi cuarto fui a registrarme para el evento, había una fila con muchas personas esperando registrarse. No me hubiera imaginado que así de grande iba a ser el evento y menos así de lujoso. Mi primer y mi única experiencia de un retiro había sido en un centro budista bastante sencillo y rodeada de unas 20 personas máximo. Esto iba a ser un cambio de paradigma para mí. Al entrar al evento había música y mucha gente emocionada, todo se sentía increíble. Me dieron una moneda al entrar, por un lado decía LUNES y por el otro vi que decía *ACCOUNTABLE*. Ese día sólo duró dos horas el encuentro, de 5 a 7 de la tarde, pero dentro de estas horas logramos hacer una meditación usando una técnica de respiración que había practicado mucho en casa, pero estando ahí me di cuenta que todo ese tiempo la había estado haciendo mal. Sabía que iba a aprender muchísimo durante esos días, así que no me preocupé y me dejé llevar, pero, al igual que lo que pasó en la ceremonia de ayahuasca y lo ocurrido en el centro budista dos años atrás, sentía que en este retiro estaban saliendo todas las emociones reprimidas a la superficie. Los primeros 4 días estuvieron llenos de emociones incómodas, de pensamientos que habían estado toda mi vida conmigo y ahora se hacían ver, frustración, victimismo y miedo eran los protagonistas. Mi cuerpo emocional estaba entrando en un proceso de depuración, estaba cambiando de vibración y estaba resistiéndose.

Joe dice que los primeros días en el retiro son para armonizar al grupo. Los que ya han ido antes ayudan a que los nuevos podamos nivelarnos en la vibración donde trabajaremos durante todo el retiro. Es como si el estar todos juntos ayudara para crear coherencia y así ir más profundo en este trabajo.

Yo, por más que quería unirme a esa frecuencia, seguía batallando. Ya íbamos por el quinto día de retiro y ese día íbamos a meditar caminando en la playa a las 5 de la mañana. Desperté temprano y vi que mi celular no se había cargado, estaba a un 2% de pila, tuve suerte que la batería duró para que la alarma sonara. Esperé a que se cargara al menos 15% y bajé, cuando me di cuenta el shuttle que me iba a llevar a donde estaban todos se había ido. Todo había iniciado mal, me había despertado definitivamente con el pie izquierdo ese día. Las meditaciones caminando en la playa las hacíamos con una meditación guiada que Joe Dispenza prepara, te pones tus audífonos y él te empieza a guiar. Las meditaciones suelen durar hora y media y si no tienes batería era casi imposible hacerla o terminarla.

Llegué a una sala que estaba enfrente de la playa a dejar mis cosas, me quedé unos minutos más ahí en el bar esperando a que se cargara mi celular. No tenía ningún cargador rápido, así que lentamente se iba cargando la batería mientras todos ya estaban meditando. Cuando llegó a tener 23% de carga decidí irme a hacer la meditación, ya eran las 5:50, tardísimo. Inicié sólo por iniciar, sin ganas, mi actitud era la peor que había tenido en todo el retiro, estaba caminando en la arena y sintiendo que todo iba súper mal. La narrativa que tanto conocía era más fuerte que la voz de Joe en mis audífonos.

En la segunda parte de la meditación, escuché con más atención la voz de Joe Dispenza, nos decía que empezáramos a caminar hacia nuestro yo del futuro, que no permitiéramos que nadie ni nada nos detuviera. Yo era la que me estaba deteniendo, nadie más, y un pensamiento diferente empezó a ayudarme: Maryell, inténtalo, no desaproveches esta oportunidad, hazlo. Seguía luchando contra toda la historia que me había contado, pero en un momento empecé a poner más atención a mi corazón y de repente mi cabeza se empezó a callar. En ese momento sentí una liberación muy grande, lloré y pude sentir un amor enorme hacia la vida, la meditación terminó en ese momento. Me tiré en la arena, abrí los ojos, vi el cielo, vi formas, vi diferentes seres en las nubes, me empecé a reír de todo lo que veía, era como si las estuviera viendo por primera vez, estaba impresionada de sentir el aire en mi cuerpo, en mis piernas, alrededor de mí y ahí me quedé un rato admirando el cielo una y otra vez. Había ido más allá de mí misma. Me había costado hora y media salirme de mi mente, pero eso bastó para saber que lo podía hacer, que tenía el poder de ir más allá de mi narrativa de pensamientos negativos. Esto es a lo que venía, este es el aprendizaje.

Todos estaban desayunando cuando decidí volver, yo quería estar sola. Sentía que algo había pasado, me sentía muy ligera casi flotando, hice otra meditación de 20 minutos y no dejaba de sentir mucho agradecimiento por la vida. Las dos meditaciones me habían dejado muy sensible, todo lo podía sentir con mucha profundidad, es como si en ese momento mi corazón se hubiera abierto y no sabía cómo navegar eso.

Era momento de ir al salón donde tendríamos la primera charla del día. Joe Dispensa empezó a hablar sobre física cuántica, nuestras emociones y la energía que se mueve a través de cada uno de nosotros, para mí, cada palabra estaba despertando y moviendo emociones. La meditación me había dejado muy abierta emocionalmente y las palabras las sentía como un catalizador para mover todo lo que llevaba dentro. Empecé a sentir ganas de vomitar y en ese momento quería sacar algo de mi pecho, tenía ganas de gritar, de soltarlo, sentía mucha tristeza acumulada, vi una salida de emergencia a mi derecha y salí corriendo del cuarto y empecé a llorar muy fuerte y no podía controlarme hasta que llegó una *team leader* y me acompañó en ese proceso. Me estaba guiando para respirar y para que pudiera volver a mi corazón. Con su presencia y sin decir nada empecé a calmarme. Media hora después pude regresar al salón.

Terminó de dar la plática y empezamos otra meditación. En específico era una meditación que iniciaba viendo un caleidoscopio y después nos enfocábamos en todos nuestros centros energéticos. Subíamos la energía desde nuestro primer centro ubicado en la base de nuestra espina dorsal entre nuestros genitales y la llevábamos hasta el último centro ubicado en nuestra coronilla. Más allá de nuestro cuerpo físico hay más, pero en esta meditación la atención la llevábamos sólo hasta donde llegará nuestro cuerpo físico, en este caso nuestra coronilla, el punto más alto en nuestra cabeza.

Esa fue la primera meditación donde no estaba esperando nada, simplemente me senté y empecé a meditar con todo lo nuevo que había aprendido en la semana y sin que hubieran pasado ni 10 minutos empecé a sentir mucha energía. Se estaba acumulando tanta energía en mi primer centro energético, sentía mucho calor y rápidamente esta energía empezó a subir por todos los demás centros energéticos hasta llegar a mi pecho y después a mi garganta, ahí empecé a sentir cómo se estaba acumulando la energía, lo que hice fue abrir el pecho y usando mi voz todo siguió fluyendo hasta mi coronilla. Era mucha la presión, sentía bastante euforia, era una energía muy fuerte y que jamás había sentido en mi vida. Toda la energía hizo erupción en mi cerebro y después ésta empezó a regresar y pasó de nuevo por todo mi cuerpo, algo que salía de mi control. En ese momento me quedé sin palabras, experimenté un nivel de éxtasis que nunca había sentido. Eso era justo lo que estaba buscando, algo más allá de lo que pudiera mi mente entender. Algo más allá de mis 5 sentidos.

Había pasado tanto en tan sólo unas horas, a las 5 de la mañana estaba frustrada con la vida porque no podía hacer mi meditación y horas después estaba en un estado que jamás había experimentado antes.

Esa noche cené acompañada, fui a uno de los restaurantes mexicanos que hay en el Gran Velas. Me pedí una sopa de tortilla, la mejor sopa de tortilla que jamás había probado. Yo seguía flotando, estaba enamorada de la vida, estaba feliz. Definitivamente algo había cambiado en mí, mi perspectiva sobre la vida era otra y de primera mano había experimentado la energía kundalini de la que tantos maestros hablaban.

Joe Dispenza suele no usar este tipo de terminología para la energía que se mueve a través de tu cuerpo, su filosofía es más enfocada en la ciencia. La realidad es que esta energía se conoce desde hace mucho tiempo, es una energía tan poderosa que es capaz de crear a un ser humano. Lo que sucede es que esta energía se acumula en el primer centro y no sabemos cómo liberarla para que se mueva hacia arriba y podamos usar esa energía para crear un campo electromagnético más en armonía y en coherencia.

La energía kundalini es una fuerza fundamental de la vida, esta fuerza se mantiene en el primer centro para que podamos sobrevivir. Si queremos experimentar otras dimensiones de nuestra vida, tendremos que hacer algo para subir esta energía a los demás centros, si no estamos conscientes de esto, estas otras dimensiones de experimentar la vida se mantendrán dormidas.

Cuando regresé del retiro y volví con mi familia, con mis socios y con el equipo de la empresa que estaba fundando, algo empezó a pasar que no sabía cómo manejar. Empecé a sentir las emociones de otras personas, al principio estaba muy confundida porque era como si algo nuevo estuviera pasando en mi cuerpo. Podía sentir la emoción más profunda de alguien más y sentirla dentro de mí, sabía que no era mía porque se sentía muy diferente a como yo sentía mis emociones, pero estaba presente.

Ahí me di cuenta de que a pesar de que todos experimentamos culpa, tristeza, alegría o enojo, cada persona las siente diferente en su cuerpo. Llegó un punto en que sentía que estaba invadiendo la privacidad de las personas a mi alrededor, empezó a ser muy incómodo y pasó de ser algo que me generaba curiosidad a querer que se detuviera por completo. De inmediato le marqué a alguien que había ido a diferentes retiros con Joe Dispenza y tenía más experiencia con los síntomas que pasaban después de despertar la energía kundalini. Él me pudo acompañar a cerrar mi cuerpo emocional y energético para que ya no estuviera percibiendo de esa manera la realidad.

Empecé a hacer ejercicios donde conectaba toda mi energía a la Tierra, sentía cómo me anclaba y cómo me salían raíces que tocaban el centro de la Tierra. Esto lo hacia una y otra vez hasta que esa apertura empezó a cerrarse y volví a interactuar con todos sin invadir su privacidad emocional. Me sentía mucho mejor y quizá en ese momento mi decisión fue regresar a lo que conocía para llevar mi empresa, los negocios y vivir la experiencia humana con sólo mis 5 sentidos.

Todo esto me llevó a estudiar la cosmovisión budista para entender desde esa filosofía lo que estaba experimentando, sentía que en su lenguaje tenían palabras para este tipo de experiencias. Un día me uní a un curso para estudiar la rueda de la vida, esta representación aparece en las puertas de los monasterios tibetanos, es un dibujo donde se explica el Samsara o la existencia cíclica, la muerte, renacimiento, muerte, renacimiento y toda la confusión que se experimenta en medio de esto. Una de estas clases nos la dio Dharmachari Upekshamati, fundador del centro budista en Ciudad de México. En su clase vimos 3 de los 6 reinos que existen en esta vida. El primero que vimos y el que más me impresionó fue el reino de los cielos, de los Dioses.

En sus palabras, el plano de este reino celestial o de los dioses era un estado mental estético, de asombro, de experiencia amplia, un estado elevado donde el mundo se ve más sutil y estás en constante asombro y curiosidad con la vida misma. En este estado se vive en un placer y felicidad puras. Él nos mencionaba que estos estados se podían experimentar a través de las artes, de la danza, de la meditación y claramente se podía acceder a esos estados estando aquí en la Tierra, tanto a nivel individual como en el colectivo. Cuando empezó a describirlo yo ya estaba recordando las experiencias que había tenido al estar meditando.

Algo que me sorprendió es que, a pesar de estar conectado con el reino de los dioses, de la estética y la armonía, seguía siendo parte de la existencia condicionada, es decir, que se sigue rigiendo en un proceso de causa efecto y que al final este estado tampoco es el que te lleva en sí a la liberación. Es una experiencia más dentro del Samsara.

Nos preguntó en ese momento: "¿Han visto cómo después de retiros la gente anda flotando, o cuando un monje medita mucho y se mantiene en un estado de conexión con lo divino? Pues es porque están accediendo a estos reinos. Lo importante aquí es recordar la impermanencia, ya que en su felicidad extrema y deleite no se han dado cuenta del transcurrir del tiempo." En ese momento nos mostró la figura de un buda con una gaita y nos comentó que para eso está buda ahí, para terminar la música en la que viven, para que se muevan y empiecen a ascender por la espiral de la evolución y continúen su camino.

Esto sucede en cualquier actividad que ames realizar y te vuelves uno con ello. Ése es el llamado estado de flow, es la sensación que tenemos al tocar un instrumento, al bailar, al hacer un trabajo que amamos, es el estado del que habla Mihaly Csikszentmihalyi, quien fue el psicólogo que nombró el concepto de flow como un estado mental de alto enfoque. Eso es lo que experimentaba Joe Gardner cada que tocaba el piano en la película *Soul*, lo que experimentan los escritores cuando están escribiendo una obra nueva, esto es lo que experimentaba Santa Teresa cuando meditaba, rezaba y conectaba con estas fuerzas divinas. Ésta es la conexión que frecuentemente estamos buscando, algo más grande que nosotros que nos arrope en un éxtasis que existe sólo en este reino.

Mi práctica de meditación no era una adicción que mi cuerpo necesitara, más bien, había encontrado la forma de acceder a estos reinos de donde vinieron los primeros mensajes de guía que había recibido en Londres, simplemente eran tan placenteros que era donde quería estar en ese momento, inclusive el dolor, cuando se sentía era más un dolor espiritual, del alma, que realmente me conectaba con la divinidad, con lo majestuoso de la vida. A pesar de esto, cuando salía de estos estados, mi mente divagaba y me preguntaba constantemente cómo podía mantenerme por más tiempo en esos reinos y si ésa realmente era la meta.

Dharmachari Upekshamati seguía exponiendo su clase, yo me había perdido en mis pensamientos recordando esos momentos en que había experimentado este primer reino del que nos hablaba. Una palabra me regresó a la clase: intoxicación. Sí, este tipo de experiencias se pueden volver una verdadera distracción para el camino espiritual, lo más sano para continuar en el camino de la evolución es saber integrar estas experiencias en las diferentes áreas de tu vida. Van Gogh es un ejemplo de alguien que al pintar reconocía el arte de las cosas, podía ver el objeto más allá de la materia, estaba intoxicado, inmerso por la estética de lo divino de las cosas y en su caso no podía manejar otras áreas en su vida. Empezó a tener momentos de mucha desesperación y de alucinación que le impedían trabajar y, por otro lado, había meses donde llevado por un gran éxtasis podía pintar sin parar conectándose con una gran visión. Lo mismo pasa cuando alguien da un concierto y a los días se envuelve en una depresión intensa por regresar a una realidad fuera de esta intoxicación.

Había escuchado algo similar en la conferencia de Ram Dass, pero fue hasta este momento que todo me hizo mucho más sentido. Él constantemente habla de las trampas de la espiritualidad y la importancia de no quedarse estancados en la intoxicación del plano celestial, de los devas.

¿Qué sucedería si el éxtasis que tanto buscamos en las experiencias místicas está realmente delante de nosotros, en la vida misma?

El arte, la creatividad, la música nos llevan a lugares de éxtasis porque hay algo de éstos que nos conecta con algo superior, que vienen de una co-creación más allá de lo que podemos percibir. Por eso, la creatividad se vuelve un canal hacia esta conexión, una forma de encontrar esta libertad deseada más allá de nuestros 5 sentidos, más allá de nuestro propio cuerpo físico.

Uno de los regalos que te da la meditación es la atención, entre más pones atención a lo que es, más asombro tienes por lo que está enfrente de ti, más asombro por lo que experimentas. Esto nos permite aumentar nuestra capacidad de percepción y de sensibilidad. Es como si nuestra vista se limpiara y pudieras ver el verdadero color de las cosas. Caminas más ligero, sonríes más y accedes a estados de mayor dicha.

A esto se le ha llamado el "momento presente", estar en aceptación con lo que es y observar con atención lo que está sucediendo. Es en el momento presente, en este espacio donde, por el simple hecho de respirar, entras en un deleite, existe música en el tráfico, el aire se vuelve el mejor sonido de fondo que podemos tener. Por fin la técnica de meditación ha hecho su trabajo. El de recordar para ver cómo es todo. Para percibir la consciencia de las cosas.

En este espacio puedes ver una flor y conectar con su esencia antes de nombrarla o ponerle un concepto a este objeto. El éxtasis que tanto buscas se encuentra en la neutralidad, se encuentra aquí mismo, en este momento, en las cosas más pequeñas. Esto no significa que no nos enfrentaremos al envejecimiento, la enfermedad y la muerte. No tenemos que sufrir el dolor que ocasiona cada uno de ellos, es más una experiencia de aceptación de la realidad sin rechazo y sin resistencia. Todos los seres humanos pasaremos por las tres, lo más importante es vivir en gracia con la vida. En ecuanimidad.

Hay momentos en nuestra vida que nos han acercado a estos destellos de presencia y de consciencia, son tan sutiles que los dejamos pasar o pensamos que jamás hemos experimentado algo así. Esos momentos donde te quedas sin palabras, donde experimentar un momento de asombro, de awe, donde no llegan las palabras para definirlo en conceptos. Cuando entramos en estos momentos de sorpresa, es un recordatorio de la obra maestra que se está creando mientras existimos, es un recordatorio de ligereza en la que podemos vivir, estamos simplemente siendo sostenidos y hay belleza en todo lo que experimentamos más allá de los conceptos que nos llevan a la polaridad.

Conectar con esa belleza, con la verdad, con la magia de todo lo que es, es una capacidad que tenemos todos por el simple hecho de estar experimentando esta realidad. Tienes la capacidad de presenciar la vida al volverte el observador, al estar consciente y en agradecimiento. Aprender a navegar la vida en gracia y en conexión con la divinidad que existe en todas las formas.

Cuando estás buscando todo el tiempo el éxtasis de la vida, éste se te puede ir de las manos. Puedes estar buscando un éxtasis temporal o simplemente no podrás reconocer cuando algo tan sutil y mágico como observar una flor sea la fuente de inspiración y de conexión. La búsqueda termina cuando por fin puedes vivir tranquilo con lo que es y te permites estar en este mundo en el que vives. Termina cuando no requieras estar en ningún otro lugar que en este preciso momento.

Por fin encuentras placer en ver los árboles, en el tráfico, al estar con tu familia, inclusive en el dolor. Reconoces la vida como un flujo cambiante, aprendes a transitar en las diferentes etapas de la vida, te mueves en estaciones, así como la naturaleza, tus aflicciones se vuelven la puerta hacia tu sabiduría interna. Escuchas más, tu hacer viene desde la consciencia y cambias el reconocimiento por el amor a tus seres queridos.

Estás conectado a tu Ser cuando te sientas cómodo en tu cuerpo, en esta tierra, cómodo en tu mente. Es una sensación de paz interna, te sientes sostenido, seguro y existe una calma que reemplaza la ansiedad constante. Es cuando finalmente te das cuenta que lo que estabas buscando era la neutralidad y no la polaridad de una emoción incómoda.

Y a pesar de que estés leyendo este libro y te haga sentido lo que está escrito, te pido que con curiosidad te mantengas en este camino de búsqueda, es posible que esta lectura te lleve a recordar y que ésta sea la voz que te permite recordar. Cada vez que conectas con tu Ser interior, te vas calmando, escuchas mejor, percibes más, estás más presente.

7. El abrazo divino

No pienses que has ganado una virtud
a menos que primero hayas sido probado
por su opuesto.

Santa Teresa de Jesús

Durante la pandemia decidí irme a vivir a la Riviera Maya, a pesar de querer regresar a Asia no podía por todas las restricciones que había para entrar. En México era todo lo contrario y eso hizo que la mayoría de los nómadas digitales viajarán a distintos puntos en México

Mientras vivía en Tulum mi hermano fue a visitarme y me presentó a dos amigos de Ciudad de México que estarían ahí unas semanas. Comimos con ellos en uno de los lugares que más me gustan de Tulum. Ulises y Raquel me empezaron a contar que estaban ahí como parte de su integración después de haber hecho una ceremonia de ayahuasca, querían pasar tiempo fuera de la ciudad para integrar mejor su experiencia, yo me había quedado en completo silencio, sólo pensaba: "¿Cómo alguien podía compartirlo tan abiertamente? Por favor, ¡que no me pregunten nada!"

Segundos después, Ulises preguntó "¿Has hecho ayahuasca, Maryell?" Mi hermano estaba enfrente, no era algo que quería compartir, mi experiencia seguía sin haberla integrado bien, fue tan incómoda y no había quedado en muy buenos términos con esta medicina. En ese momento sólo les dije que prefería no hablar del tema. Mi hermano no sabía de qué hablaban, pero sintió mi incomodidad en ese momento.

Se hizo un silencio y al final de la comida me pasaron su número para seguir en contacto mientras ellos estuvieran en Tulum. Iban a estar tres semanas y después regresarían a Ciudad de México.

Al día siguiente les marqué para ver si querían salir a un restaurante que conocía y que estaba enfrente del mar. Estando en este restaurante me empezaron a contar un poco más de su experiencia y cómo les había ido en su ceremonia. Al escucharlos me sorprendí de lo diferente que había sido para ellos, teniendo un acompañamiento antes y después de la ceremonia para integrar más este proceso que habían vivido. Algo que de alguna manera no tuve en mi ceremonia en el 2017. El programa que habían hecho se llama Shine Inside. Un programa de transformación personal enfocado en expandir la consciencia, duraba 8 semanas en total, contemplaba 4 semanas de acompañamiento antes de la ceremonia, un día de ceremonia con la medicina del Amazonas. Madre Ayahuasca y después 4 semanas de acompañamiento posterior a la sesión.

Cuando empecé a conocerlos más, les conté de mi experiencia en Perú y las dudas que todavía tenía sobre todo lo que me había estado pasando desde que empecé a escuchar voces en el festival. Empecé a contarles cómo había sido este evento y lo que había pasado en mi viaje a Perú. Después de tanto tiempo había encontrado dos personas que hablaban mi mismo idioma y me entendían, o al menos no me considerarían una loca. Raquel se regresó antes a la ciudad y Ulises se quedó más días para conocer varios lugares cercanos a Tulum.

Un día decidimos ir juntos a Punta Allen, a dos horas de Tulum, y durante el camino me comentó que había estado hablando con los fundadores de Feel Reborn, los que habían creado Shine Inside y que muy pronto abrirían un nuevo programa llamado Mind Journey. Este programa tendría la misma dinámica, 8 semanas de acompañamiento, pero en vez de ser ayahuasca, el expansor de consciencia que usaban era psilocibina.

Esto definitivamente me interesaba, no había escuchado mucho de sesiones con psilocibina, así que me pasó el contacto de José Casas, uno de los fundadores, para que me pudiera explicar más a fondo del programa y de la planta sagrada que utilizarían. Tuvimos una primera sesión y ahí inició todo. Decidí ser parte de este programa que tenían, al momento de tomar la decisión lo sentí ligero, y cuando pude hablar con José sobre mi primera ceremonia de ayahuasca sentí que podía comprender lo que había vivido.

José Casas y José Arce son los fundadores de Feel Reborn. José Casas se ha dedicado a facilitar y acompañar procesos terapéuticos desde el 2015 y trabaja ocasionalmente con plantas sagradas. Es economista de formación con especialidad en finanzas y durante varios años dirigió empresas en el sector restaurantero. También es el autor del libro *Vivir Infinito*. José Arce trabaja en publicidad desde hace más de 20 años y ha enfocado sus estudios al liderazgo, a la psicología humanista y gestalt. Tiene una gran capacidad para escuchar y acompañar a los demás en sus procesos de transformación para que se permitan conectar de nuevo con su ser.

El programa sería a finales de año, todavía tenía un par de meses para prepararme. Ya habían pasado 3 años desde una experiencia con una planta sagrada y mi enfoque se había ido sólo a la meditación y el *mindfulness*, estas prácticas me habían ayudado para mantenerme a flote en este camino del despertar que suele ser muy confuso. También me había permitido construir mis primeros emprendimientos en México y pude enfocarme en ellos. En ese momento eran las herramientas adecuadas, pero sabía que algo nuevo me estaba llamando. Había ya sentido esto antes, cuando empecé a meditar, cuando me fui a Perú, cuando viajé a Tailandia y en muchas otras ocasiones. No necesitaba entender por qué hacía todo esto, algo más me estaba guiando a explorar cada vez más mi interior y éstas eran las herramientas que me estaban encontrando.

Después de un mes de preparación desde Tulum volé a Ciudad de México. Al día siguiente era la ceremonia y yo definitivamente estaba nerviosa. Todos los que haríamos la ceremonia llevábamos conociéndonos un mes, habíamos tenido sesiones para profundizar en nuestra intención y habíamos aprendido más sobre la psilocibina y los estados expandidos de consciencia.

La psilocibina es el compuesto psicoactivo de ciertos hongos comestibles, es un alcaloide que cuando lo ingieres se convierte en psilocina, esto te ayuda a bajar las conexiones que se generan por default en tu vida y forman nuevas conexiones en el cerebro. Por eso ayuda a que puedas salir de un ciclo de pensamientos constantes y que puedas pensar de manera más flexible. Desde un lado más espiritual te permite explorar tu inconsciente, sentir de nuevo una conexión profunda con tu ser.

Llegó el día de la ceremonia, nos habíamos quedado de ver desde temprano en un espacio cerca de Coyoacán y después de hacer algunas actividades para conocernos mejor, llegó la hora de que entráramos al salón. Me senté en mi mat, Paola Ambrosi dirigiría la ceremonia, había conocido de su trabajo por Ulises y por un podcast, pero era la primera vez que la conocía en persona. Entré al salón para irme acomodando y a lo lejos en otro salón más pequeño vi a Paola organizando los últimos detalles de la sesión. Una persona que se sentó a mi lado me vio observándola y en voz baja me dijo: "Es Ná Áak, ha sido mi maestra en Camino Medicina, una escuela de sabiduría indígena donde aprendemos diferentes prácticas chamánicas y de sanación. Estoy seguro que va a llevarnos profundo."

Recuerdo que Ulises también me había hablado sobre Camino Medicina, pero cuando supe que era presencial en Ciudad de México sabía que no era mi momento, yo quería seguir viajando y vivir cerca del mar, aunque esa noche al estar presenciando todo eso quería saber más. Había escuchado que Ná Áak era el nombre espiritual de Paola que significa "mamá tortuga" en maya. En una entrevista que le hicieron mencionó también las diferentes tradiciones indígenas de las que había aprendido en diferentes partes del mundo, incluyendo México, Asia, Europa y América, todas exploraban el chamanismo y la sanación desde diferentes cosmovisiones. También se formó como psicoterapeuta transpersonal directamente con el padre de la psicología transpersonal, el doctor Stanislav Grof.

A pesar de haber escuchado de sus credenciales antes, no se podía comparar con su nivel de presencia, era sorprendente, sabía que estaba en buenas manos. Abrió el círculo para que cada uno compartiera su intención, presentó a los asistentes que nos estarían acompañando y al terminar nos invitó a pasar por la medicina. Me acerqué al altar lentamente y me hinqué, abrí mis dos manos y las extendí hacia Paola, ella lentamente puso dos cápsulas en mi mano, le di las gracias y regresé a mi lugar.

Me senté en completo silencio por 20 minutos cuando empecé a escuchar música de fondo. En ese momento me recosté y no pasaron 10 minutos más cuando supe que estaba entrando en un estado expandido de consciencia. Permití que la medicina hiciera su trabajo sin mayor resistencia, sabía que sería más sencillo así, había aprendido a no luchar y a no meterle tanta mente. Lo primero que empecé a sentir en ese momento fue dolor emocional, mucha tristeza, mi pecho se partió en dos para abrirse y así sentir cada vez más, fue como si mi primera ceremonia de ayahuasca en la selva de Perú se hubiera conectado a esta sesión, era una continuación de un proceso que había iniciado 3 años atrás. Esta vez el dolor lo sentía, pero no me paralizaba, tampoco lo estaba rechazando, al contrario, podía ver el gran maestro que era, podía observarlo como el mayor catalizador de evolución y hasta podía verlo con amor, con gracia y veía lo hermoso de su existencia.

Empecé a conectar con el dolor de más personas que estaban dentro de mi núcleo familiar, pero en vez de querer rescatarlos, comprendí que cada uno estaba atravesando su propio dolor y que eso era igual de hermoso que cualquier otro aspecto de la vida. Podía ver la polaridad que existe en esta vida y no por eso uno o lo otro era correcto. El dolor era sólo una de estas polaridades. Pude ver lo hermoso que era ser humano.

Fue muy significativo ese momento porque por primera vez no estaba rechazando el dolor, más bien estaba abrazándolo y sintiendo todas sus tonalidades. En ese momento entendí la gran confusión en la que entrábamos cada vez que nos apegábamos o rechazábamos lo que era ese momento, inclusive el dolor, porque es un sentimiento tan abrumador que lo evitamos a toda costa.

No podía ponerle nombre a todo esto que sentía, se me hacía complicado, pero era como un abrazo divino, podía verme en mis fallas, en mi polaridad, en mi sombra y a pesar de que doliera, sentía mucho amor, amaba mi valentía y podía observar mis ganas de vivir en armonía y en conexión conmigo. Al mismo tiempo, podía ver a los demás más allá de su identidad y su personaje, veía su caminar en este mundo con compasión. Ésa era la palabra que estaba buscando para todo lo que estaba experimentando en ese momento, compasión por lo que era.

La compasión es, sin duda, un abrazo divino a nuestra humanidad, una conexión profunda con nosotros y con los demás. Es un sentir que va más allá de las limitaciones del ego y del juicio, y abraza la esencia misma de la existencia. Al conectar con la compasión empiezas a admirar el camino de cada ser en la Tierra, reconociendo la grandeza que yace en su singularidad. La compasión surge desde un nivel más amplio que el de nuestra mente, trascendiendo el entendimiento humano y permitiéndonos aceptar y amar plenamente todo lo que somos y lo que son los demás. La compasión también implica permitirle al otro sentir su dolor y entender que está en su propio camino y proceso, sin tratar de quitárselo o cambiarlo.

Eso es lo que estaba sintiendo, un abrazo compasivo, una comprensión profunda y una conexión con la totalidad del Universo, sintiendo que todos estamos unidos en esta maravillosa experiencia humana.

Había perdido noción del tiempo, no sabía cuánto llevaba en la sesión, pero los mensajes seguían llegando, había comprendido lo hermoso de la polaridad, los niños santos tenían más que mostrarme y yo estaba lista para seguir navegando por tierras desconocidas sin saber a dónde me llevarían.

En un punto del viaje pude reconocer aflicciones que me seguían atormentando, me mostraron mi potencial oculto que rechazaba una y otra vez por no querer responsabilizarme. Me mostraron la falta de amor propio por no saber poner límites, me mostraron la desconfianza con la que caminaba en la vida, comprendí que la liberación se encuentra en el perdón y cómo la ira me mantenía encadenada.

En ciertos momentos recuerdo que la música paraba completamente y se sentía un silencio tan profundo que me permitía sentir la paz que se encontraba en mi interior. En esos momentos los niños santos me recordaban mantenerme anclada en la compasión y en la humildad.

Aquí debo aclarar que los niños santos es una forma en la que Maria Sabina nombraba a los hongos alucinógenos que crecían en la región oaxaqueña. Maria Sabina era una indígena mazateca nacida en Huautla de Jiménez. Una curandera conocida a nivel internacional por sus conocimientos ancestrales sobre el uso ceremonial y curativo de los hongos alucinógenos. Los niños santos es una forma de nombrar al espíritu o la energía de los hongos, así como los niños, estos empiezan a jugar, a ser inquisitivos y te hacen cuestionar tus creencias raíz haciendo que tu percepción sobre el mundo cambie.

Recuerdo que antes de iniciar la sesión, esa noche José Casas nos comentó que cuando los niños santos nos llevaran a espacios retadores, donde nuestra mente, nuestro cuerpo o nuestras emociones empezaran a llevarnos a la aflicción, la desesperación o la frustración, habría que recordar que el que se enoja y se resiste pierde.

Las horas siguieron pasando hasta que elegí sentarme en forma de meditación, sentía que la sesión había terminado para mí, a pesar de que seguía en un estado expandido de consciencia elegí mantenerme lo más presente observando mi cuerpo, mi mente y manteniendo un estado de neutralidad. Minutos después vi cómo poco a poco empezaron a prender las veladoras que estaban en el altar.

La sesión estaba por terminar y por primera vez me había permitido conectar con lo más profundo de mi Ser sin resistirme a conocerme y usando la primera llave para esta gran exploración de mi Ser, la compasión. Desde este momento inicié un viaje para integrar en mi vida esta virtud que había tenido el placer de experimentar en esta sesión.

A los dos días regresé a Tulum y desde ahí terminé todo el proceso de acompañamiento que todavía nos quedaba con el grupo. Pasaron varios meses y yo seguía en contacto con el grupo con el que hice mi ceremonia, sabía que algunos habían entrado a Camino Medicina y cada que iba a Ciudad de México les preguntaba sobre el entrenamiento, hasta que Ulises un día me dijo: "Deberías entrar y experimentarlo de primera mano." Le di tantas vueltas, jamás había pensado en vivir en Ciudad de México, llevaba años sin tener un lugar fijo por más de un año y eso se sentía como un nuevo nivel de compromiso y responsabilidad, pero mi curiosidad era más grande, el llamado de entrar era mayor y terminé mudándome. Me inscribí a Camino Medicina o, como todos la conocen, la Escuelita, me dediqué a buscar departamento durante un mes, después de tantos años de nómada era la primera vez que firmaría un contrato de un año y eso me tenía abrumada. Era bastante compromiso para mí en ese momento y sin saberlo el entrenamiento de chamanismo y psicología transpersonal ya había iniciado, el compromiso y la responsabilidad se habían vuelto la primera asignación. Terminé quedándome en ese departamento durante dos años y estudiando ese tiempo con Paola otros diplomados que ofrecía después de este primer entrenamiento.

Recuerdo que en uno de los primeros módulos la clase se centró en conectar con las causas del sufrimiento de la humanidad, habíamos formado grupos de 6 personas, una iba al centro y los otros 5 estarían sosteniendo el proceso, la persona en el centro era la que viajaría y conectaría con las diferentes causas del sufrimiento. Escuché la voz de Paola que mencionaba mi nombre, eso significaba que, de mi grupo, yo era la que iría al centro. Me puse en medio, me tiré en el piso y al poco empecé a escuchar los tambores que empezaban a sonar en el salón, estábamos entrando en un estado alterado de conciencia usando tambores chamánicos.

Con la guía de Paola entré en un estado muy profundo y después de unos minutos estaba en una escena en la época del imperio romano, yo era un hombre y empecé a sentir que alguien me estaba matando y mientras tanto, a mi alrededor, había gente que no conocía, pero también amigos y familiares, todos estaban viendo el acto, pero más allá del dolor por ser asesinado, el dolor más grande era por la indiferencia de cada una de las personas que estaba ahí presente. Nadie hacía nada y eso, más que causar enojo, me conectó con el dolor y el sufrimiento del mundo por la indiferencia de otro ser humano.

Cuando salí de este estado, me reincorporé con mis compañeros quienes habían sostenido la energía para que yo me pudiera sentir segura en este viaje. Estaba todavía algo abrumada y les comenté: "Una de las causas del sufrimiento del mundo es la indiferencia que existe en cada uno de nosotros. No sabemos cómo conectar con el dolor y el sufrimiento de las demás personas, somos indiferentes y sólo estamos pensando en nosotros. Eso causa mayor sufrimiento en el mundo, nuestra indiferencia."

El sentirlo de manera tan profunda me hizo conectar con los momentos en mi vida donde había experimentado esta indiferencia de parte de los demás, pero también pude identificar cómo yo había actuado indiferente ante el sufrimiento de los demás. Fue una toma de consciencia muy grande, en ese momento no sabía qué hacer para no volver a caer ahí, simplemente fue abrumador.

Entre cada clase teníamos un mes para integrar la información, la realidad es que no todo se podía integrar en un solo mes y tomar este entrenamiento era como estar en un océano al momento de una gran una tormenta que no paraba, tardé más de un año y medio para saber que ante la indiferencia en la que la humanidad vivía, existía un antídoto y ese antídoto era la compasión.

El desarrollo de las virtudes es algo que se me complicaba entender, todos hablaban de ello, pero nadie podía explicarme la mejor forma de cultivarlas y, más importante, de vivirlas. Algo estaba ocurriendo, mientras más preguntas hacía sobre una virtud, más la vida me mostraba su opuesto.

Había pasado casi un año de estar en Camino Medicina y habíamos conectado con todo tipo de aflicciones desde el miedo, la envidia, la avaricia, la ira y cada módulo era una oportunidad perfecta para que un poco más de nuestra sombra saliera a la superficie, pero el trabajo que se hacía era muy profundo, incómodo y hasta cierto punto de muerte, de destrucción. Una de las aflicciones que me pareció bastante poderosa fue la ira, jamás había sentido tanto poder, empoderamiento, fuerza y entendía por qué era tan atractiva y cómo es que se logra meter tan cómodamente en nuestras vidas.

La ira no era ajena para mí, la había visto actuar en las personas que más amo, en la sociedad, en las noticias, pero principalmente en mí, había estado poseída por la ira en muchas ocasiones y la mayoría de las veces tomaba completamente el control de la situación. La ira es de las aflicciones que más me había impactado, sentirla completamente en todo mi cuerpo fue una experiencia que me ayudó a identificar hasta dónde podría llegar esta fuerza destructiva.

Un día, en los últimos módulos, le pregunté a Paola: "¿Cuándo vamos a experimentar las virtudes, así como lo hicimos con las aflicciones?" Ya casi se terminaba el entrenamiento y yo no veía que eso fuera a pasar pronto. Quería saber cómo se sentían, quería sentir la fuerza o el amor de la compasión, de la humildad, de la ecuanimidad, de la alegría o la generosidad. Ella respondió: "Afuera sólo se refleja tu sombra. Es por eso que los estados aflictivos son más tentadores, porque es más fácil verlos."

Para ser honesta, su respuesta no me convenció. Me quedé insatisfecha, ¿cómo podía acceder a las virtudes? No me había dado una respuesta para satisfacer a mi mente, aún así empecé a estudiarlas, a leer sobre ellas, todo desde un espacio bastante intelectual. En algún punto empecé a poner *post-its* en mi departamento para despertarlas en mí, para vivirlas. En los *post-its* tenía escrito: "¿Cómo puedo ser generosa hoy? ¿Cómo puedo aplicar más el principio de mudita a mi vida? ¿Qué es la ecuanimidad? ¿Qué es la compasión?"

Cada pregunta duraba un mes en mi espejo y después la cambiaba por una nueva. No sé exactamente si esto iba a funcionar, pero estaba poniendo mi intención clara.

Durante esta etapa estuve trabajando con Joss, mi terapeuta transpersonal, y cada sesión requería de mucha energía, íbamos profundo. La mayoría de las veces después de cada sesión no podía hacer nada, terminaba agotada y me tumbaba en mi cama por las siguientes horas.

Empecé a notar algo, cada sesión de terapia me ayudaba a conectar con el dolor desde un lugar de gracia, habría más mi corazón. Al llegar a mi casa ese dolor estaba presente, pero al estar en mi cama lo que podía sentir era un abrazo de mi Ser superior, un abrazo tan amoroso, un abrazo divino que se sentía cálido, sereno y lleno de esperanza.

Estaba abrazando mi dolor, estaba ahí para mí, estaba presente para mi humanidad. Podía ver mi valentía al hacer este proceso, podía ver mis ganas por aprender, podía verme con tanto amor sabiendo que el camino no era fácil y que aún así lo estaba caminando. Era como el abrazo de una madre a su bebé cuando llora. Mi consciencia estaba abrazando mi emoción, mi dolor.

La compasión se empezó a revelar como un destello breve sin que pudiera ponerlo en palabras, sólo lo sentía, lo experimentaba en momentos muy breves. Fue hasta mucho después que pude describirlo como compasión. Era la misma sensación que había experimentado en mi primera sesión con psilocibina, pero esta vez, casi dos años después, podía sentirla sin estar en un estado expandido de consciencia.

Esto pasa frecuentemente, las plantas sagradas son tan valiosas porque te permiten ver eso que está tan oculto en ti, te dan la oportunidad de ver más allá del velo, tu luz y tu oscuridad, pero eso no significa que harán el trabajo por ti. Se desvanece tan rápido, la vibración tan alta no se ancla en la materia en ese momento, requiere de valentía, de disciplina, requiere que sientas el dolor y lo transmutes. Requiere de tu consciencia y tu práctica diaria para que puedas encarnar una nueva realidad. La meditación se vuelve clave en este proceso, la meditación nos enseña a abrirnos al dolor, la meditación se vuelve una escuela de apertura a la realidad, se vuelve el ancla que está disponible todos los días.

Sentir el dolor es tu señal de que estás eligiendo la cura y no sólo la estás anestesiando con un retiro, una meditación, alcohol, compras, redes sociales o cualquier otra adicción.

Tuve la oportunidad de ir a un segundo retiro de Joe Dispenza, fue aún mejor que el primero, iba lista a rendirme y a estar con el corazón abierto. Estaba en una etapa muy diferente de mi vida y mi tarea al meditar era ayudar a los que iban por primera vez a que entraran en coherencia con todo el grupo. También desde el segundo día sentí cómo empezaba a abrirme energéticamente, no me asusté porque sabía que esto me permitiría tener diferentes experiencias místicas.

Estas experiencias seguían pasando días después de terminar la semana de retiro, igual que la última vez cuando estaba sintiendo las emociones de los que estaban a mi alrededor. Estando en mi casa me puse a meditar en completo silencio, en algún momento durante la meditación empecé a conectar con Santa Teresa, una Santa que no conocía y tampoco sabía de dónde era. En ese momento recibí la información de que era de España. Desde ese momento se ha vuelto una maestra y una guía para conectar con mi proceso de forma más profunda.

Días después supe que había escrito varios libros compartiendo su cosmovisión y finalmente empecé a conectar con sus aprendizajes y desde ese momento las palabras que usaba la religión católica, religión con la que crecí y que había rechazado tanto, empezaron a tener sentido.

Santa Teresa fue una monja, mística y escritora española que nació en 1515 en Ávila, España. Para ella la sanación se enfoca en la restauración del alma y conexión con lo divino.

Empecé a conectar mucho con su cosmovisión por cómo hablaba de la purificación y del dolor. En uno de sus libros menciona que pasó por un mar tempestuoso casi veinte años donde no gozaba de Dios, ni tenía contento por el mundo. Esto describe un tránsito en su vida que conllevaba lucha y purificación, una fase en su proceso espiritual, llamada por algunos la noche oscura del alma, no exenta de sufrimiento, oscuridad, desorientación.

Para Tesera de Jesús, las enfermedades padecidas durante la mayor parte de su vida y hasta su muerte las califica como su "mayor (trabajo) en el mundo exterior", trabajos que formaron parte de la preparación del alma para la entrada a la séptima morada, que en uno de sus libros describe como la plenitud de la vida espiritual. La prueba para Teresa era rendir el cuerpo al espíritu, prueba que le permitió trascender su propia enfermedad y descubrir un horizonte de vida más allá del límite del propio cuerpo, llevándola a una madurez espiritual.

El dolor interno más intenso que experimentó y que describe Santa Teresa ocurrió cuando empezó a sentir un gran vacío al no tener en su vida a Dios, durante 14 años le sucedieron distintas experiencias de luz y oscuridad y compartió cómo la intensidad de esa oscuridad es proporcional a la intensidad de la iluminación. En este proceso su amor crece, adquiere libertad. En su libro *El Castillo interior* habla de conectar con tu verdadera identidad, con esa pieza principal que es el centro de sí mismo, el Castillo interior, y para ella la puerta para entrar en este castillo es la oración, la consideración y la capacidad reflexiva del ser humano.

En este libro se representa al ser humano como un castillo con múltiples moradas o habitaciones que representan los diferentes niveles de la vida interior y el crecimiento espiritual. Cada morada simboliza una etapa en el camino hacia la unión con tu Ser interior. A medida que el alma avanza a través de estas moradas, se enfrenta a diversas pruebas, tentaciones y desafíos internos. En cada morada, el alma debe superar sus debilidades y apegos mundanos para avanzar hacia la unión con lo divino.

Una de las etapas en estas moradas es conocida como "desfondamiento existencial" o "la noche oscura del alma", la cual describe la situación humana donde los cimientos se desmoronan y se hunden, donde el hombre se encuentra en un abismo sin fondo ni fundamento. Ésa es la oportunidad de regresar al centro de nosotros, reconocer que hay un yo interior, pero eso todavía no se sabe porque todo lo que conocía se está destruyendo para iniciar con un proceso de autoconocimiento. Este proceso se vuelve purificador y doloroso.

Estamos siendo conscientes de nosotros, estamos aceptando y asumiendo la "miseria" que produce dolor. En este proceso empieza una lucha interna entre las voces del mundo que son tus antiguas creencias, el dinero, la búsqueda del éxito, el reconocimiento social y las voces de Dios o tu mundo interior. Es un proceso donde la persona empieza a reorientar su modo de percibir la realidad y sus efectos. El dolor se vuelve el fruto de la propia incoherencia y la insatisfacción con la que ha vivido. Santa Teresa lo describe como "el dolor de la lucidez", uno de los primeros caminos que recorre dentro de estas moradas.

El objetivo final de *El Castillo interior* es la unión mística con Dios, con tu Ser interior, la cual se logra al llegar a la morada más interna y profunda, donde el alma experimenta una comunión íntima y directa con lo divino. Santa Teresa usa esa metáfora para ilustrar la búsqueda de la vida interior. Su enseñanza enfatiza la importancia de la oración, la humildad y la entrega a la voluntad divina.

Al adentrarme más en su filosofía podía ver el dolor como parte de este proceso de purificación, un proceso de congruencia y de acercarnos más a nuestra esencia. Es realmente un regalo en nuestra vida, un maestro, una llave para mundos que no hemos experimentado.

Es un acceso al centro más profundo del ser humano, a nuestra esencia más pura, a nuestra verdad y es la posibilidad para habitar el paraíso, la tierra prometida, la plenitud. En el proceso nos vamos dando cuenta sobre lo que somos y tomamos consciencia de cómo hemos estado viviendo. En palabras de Santa Teresa, nos damos cuenta de la miseria en la que hemos vivido pero también de lo que estamos llamados a vivir. Es en ese proceso de dolor donde se acogía a la misericordia de Dios, a quien le pide luz en el camino y quien la lleva a las diferentes moradas.

El miedo tan grande que le tenía a sentir el dolor que habitaba en mí dejó de controlarme. He aprendido a parar, a estar presente en el dolor si es necesario. Me rindo completamente a él, lo siento y comienzo a observar dónde se había estado guardando, cuando me permito sentirlo sin resistirme encuentro las joyas más bellas que jamás había visto. Tesoros que se habían escondido en mi interior. Descubro un amor más grande oculto en mí y que ilumina esa sombra que cerraba mi corazón. El dolor se vuelve mi gran maestro, estoy en su presencia de forma pacífica, me rindo ante él.

La compasión es la llave que te permite dejar de luchar, la compasión te permite conocerte sin juicio y, así como un padre con su hijo, te acompaña de la forma más noble a transitar tu dolor. El inicio de nuestra soberanía inicia cuando podemos ser nuestra madre y nuestro padre, podemos observarnos, detectar cuando algo nos está incomodando y en vez de ir hacia afuera, culpando, señalado y siendo las víctimas, esta soberanía nos invita a ser valientes y mantenernos en silencio, respirar, escucharnos, permitirnos sentir en lo más profundo de nuestro Ser para hacer consciente eso que está controlando nuestra mente, darle luz a la sombra y transmutar lo que duele. Es como una gran operación, abrimos el corazón, exploramos donde está el malestar y lo encontramos, lo más probable es que nos duela, no lo queremos quitar, simplemente estamos ahí, observándolo y sintiéndolo, pero con la luz que sale de nuestro interior, logramos transmutarlo, cerramos y terminamos de operarnos. Volviéndonos nuestro propio sanador, purificándonos, aprendiendo a estar con nosotros mismos acompañados del silencio.

En ese momento el silencio se vuelve el portal más poderoso, una iniciación a la vida adulta, nos lleva a un despertar a lo que somos.

Las virtudes se vuelven un regalo, se vuelven las llaves hacia lo más íntimo de nosotros, qué gran regalo es permitirnos vivir en compasión y actuar por el bien de todos los seres.

La compasión es una energía, una vibración que nos envuelve el corazón con una luz cálida. Esta virtud será tu regalo para el mundo, entre más la cultives más podrás compartirla con los demás, llegará a más corazones, llegará a lugares que no puedes ver más allá del tiempo y del espacio. La compasión se volverá tu guía hacia una vida plena y tu mejor compañera en tu camino espiritual.

Comenzamos a sentir compasión cuando reconocemos que todos sufrimos de la misma enfermedad de la mente. Esta enfermedad es la del ego, la de la queja y el resentimiento, la de tener la razón, la del drama, la de la superioridad, la de la fama, la de la víctima, la de la infelicidad, la de los diferentes personajes.

Cada vez que notes estas voces, cuando te vuelvas más consciente, tomarás el control de ellas. Serás el observador.

Reconocer y atrevernos a sentir el dolor es el comienzo de la sanación y la trascendencia. Hasta que no reconozcamos el propio dolor no podremos conectar con el de los demás. Es en el reconocer cuando éste se puede transmutar y convertirse en compasión.

Para conectar con esta virtud he creado una meditación que puedes hacer en este momento.

MEDITACIÓN

Cierra tus ojos, inhala profundamente, exhala despacio.

Lleva tu atención a la parte más alta de tu cabeza y desde ahí empieza a escanear tu cabeza, tu cara, pasando por tus párpados, por tu nariz, por tu boca. Baja a tu cuello y escanea tus hombros y estando ahí respira hondo y libera aún más tus hombros. Percibe tu pecho, tus brazos, tus manos, tus caderas, tus muslos, tus rodillas y finalmente tus pies.

Vuelve a inhalar profundamente y exhala lento. Mantente en silencio observando tu respiración.

Ahora lleva tus manos a tu corazón y siente como cada vez que inhalas y exhalas se siente más y más cálido. Ahora imagina cómo una luz brillante sale de tu corazón y desde ahí se va encapsulando en las palmas de tu mano, se llena de energía sanadora, se llena de amor y de compasión.

Lleva tu atención a tu tercer ojo, en medio de tus dos cejas e imagina cómo se abre un camino delante de ti. Empiezas a recorrerlo, caminas lento y observando. En éste empiezan a aparecer personas que conoces, unas muy cercanas y otras no tanto. Ellos no te ven, pero tú a ellas sí.

Con cada una de estas personas te vas acercando lentamente y pones tus manos a la altura de su corazón, ya sea en su espalda o en su pecho. Ves cómo están recibiendo esta luz cálida en sus corazones, esta luz se vuelve la chispa que despierta su propia luz compasiva para ellos y para los demás.

Continúa haciendo esto con las diferentes personas que estén en tu camino, sin importar si es un hermano, tu papá, un enemigo o alguien que te haya hecho daño. Todos están experimentando su propio dolor, su propio sufrimiento por el simple hecho de ser humanos.

En este momento estás creando un abrazo divino, un abrazo compasivo, permitiendo que todos los que reciban tu luz se sepan eternos, sientan el amor que irradias desde lo más profundo de tu ser, se sepan valientes y fuertes más allá de las dificultades y retos que experimentan.

Estás actuando desde la compasión, estás cultivando esta virtud al abrazar el proceso de cada persona que se cruza en tu camino.

Poco a poco regresa a tu tercer ojo y respira despacio. Regresa tu atención a tu corazón, inhala profundamente y exhala. Estando ahí abraza todo lo que eres, tu dolor, tus pasiones, tus alegrías, tu esencia, tu sombra. Siente la divinidad estando en ti, siente su abrazo, su compasión hacia ti y recibe el amor que tiene para ti, para tu proceso. Esta luz divina entiende tu dolor, abraza tu sufrimiento y quiere lo mejor para ti.

Recuerda que estás en un proceso de evolución y la llave que te acompañará en este nuevo camino es la virtud de la compasión, inhala profundamente y exhala. Regresa tus dos manos a tus piernas y poco a poco ve a abriendo tus ojos.

8. Mi maestra la soberbia

Abraza la soberbia que hay en ti,
porque detrás de ella hay un niño no querido.

Clarissa Pinkola Estés, *Mujeres que corren con los lobos*

Saltillo es la ciudad donde nací y crecí, queda al norte de México, y cuando terminé mi año sabático en Asia sabía que regresaría a casa de mis padres, a pesar de seguir teniendo ahorros quería usarlos para crear mi primera empresa. Ya Bali y Tailandia me habían enseñado lo que tenía que aprender en ese momento de mi vida y era momento de regresar.

Llegar a Saltillo fue una parte importante de mi proceso, habían pasado más de 10 años desde que me había ido, así que no tenía como tal una vida y eso me permitió enfocarme en mi meditación, en seguir mi proceso de auto conocimiento y más importante, en crear mis empresas. Esto requeriría de todo mi enfoque y Saltillo era el mejor lugar para eso, no había distracciones.

Durante el primer año viviendo en Saltillo conocí a Alfonso Aguirre y Fernando García, los que serían mis socios en By the land. Estaba predestinado a que pasara, mientras creaba mi primer programa de mentoría decidí irme a trabajar a uno de los pocos coworking que existían en la ciudad, recuerdo que el coworking sólo tenía 3 personas fijas, Alfonso, otra persona y yo.

Yo estaba muy enfocada en crear mis programas digitales, pero en una ocasión nos cruzamos en un evento que organizaba el coworking y ahí nos conocimos. Pronto conoceríamos también a Fernando por un amigo en común y empezaríamos a emprender a inicios del 2019. Cada uno tenía experiencia en diferentes áreas, Fernando en toda la parte operativa de un negocio, Alfonso sabía programar y había tenido un emprendimiento de consultoría antes y yo había vendido ya productos físicos en Amazon FBA, sabía de e-mail marketing y tenía todos los conocimientos sobre cómo se maneja un proyecto, que había aprendido en un corporativo. Después de emprender juntos por un año decidimos dejar todos los emprendimientos que teníamos para enfocarnos en uno solo, By the land, una empresa ocupada en crear suplementos inteligentes con altos niveles de vitaminas y minerales para la mente y el cuerpo.

Nos tomó un año para que la marca se volviera viral en redes sociales y tuviéramos ingresos que jamás habíamos visto. Todo nuestro equipo era remoto, desde el día uno logramos tener todo muy bien documentado para que funcionara a largo plazo, esto también permitió que yo trabajara desde la Riviera Maya por más de un año y más adelante desde Ciudad de México.

En nuestro tercer año decidimos que era momento de levantar capital y crecer en México y en otros países. Esto era bastante nuevo para mí, pero aún así teníamos muy buenos números y seguro encontraríamos la forma de levantar capital. Empecé a tomar el liderazgo de este nuevo proyecto, vivía en Ciudad de México y tenía acceso a diferentes empresarios porque algunos de ellos estaban estudiando conmigo en Camino Medicina. Ellos me pasaron el contacto de ángeles inversionistas y parecía que todo iba a funcionar, pero apenas tuve una primera reunión con uno de ellos descubrí que esto requería mi compromiso total por, al menos, los próximos 10 años de mi vida para darles resultados. Mi primera llamada fue con Manolo Atala, fundador de Fairplay y ángel inversionista de grandes empresas tecnológicas en México. La llamada fue por zoom y fue un total fracaso, estaba nerviosa y a pesar de tener listo el *deck* que había preparado con Alfonso, no sabía qué estaba haciendo. Él se dio cuenta y trató de hacer la llamada más ligera para mí. Me habló de que ya tenía otra inversión en otra empresa enfocada en suplementos, de hecho, era la empresa de alguien que yo conocía, pero lo importante fue lo que me dijo al final: "Te voy a ser súper honesto, veo que es la primera vez que haces esto, los demás inversionistas no te lo van a decir. Prepárate más y ten más seguridad de tu empresa y cómo la compartes, te van a comer viva allá afuera." ¡Qué manera de empezar!, no salí de mi cama en todo el día. Eso hizo que dejara de hacer llamadas por un buen rato y a mis socios sólo les dije: "No me fue bien, ya está invirtiendo en otra empresa."

Había pasado un par de meses desde este incidente cuando conocí a Javier Razo, estaba como invitado en un diplomado de psicología transpersonal con Paola Ambrosi. En ese momento yo seguía haciendo crecer mi empresa de suplementos y había dejado de hacer llamadas para levantar capital. El día que lo conocí no intercambiamos palabras, pero noté un nivel de presencia que llamó mi intención, la sala se sentía muy diferente a pesar de las pocas palabras que compartió. Días después lo agregué en Instagram, empezamos a conversar y quedamos de vernos para conocer sobre lo que estábamos creando cada uno.

Ese día también conocí a Rodrigo Salgado, socio de Javier Razo, entre los dos tienen diversas empresas enfocadas en el bienestar y la salud mental. En mi mente yo iba preparada para que conocieran By the land y ver la posibilidad de que me guiaran en el proceso de levantar capital, sin escuchar realmente lo que me estaban preguntando les empecé a hablar de las ventas anuales y las proyecciones que teníamos, de cuánto habíamos crecido los últimos dos años y de la gran estrategia de marketing que teníamos que hacía que no gastáramos tanto en publicidad, pero la conversación no iba por ahí. Cuando por fin paré de hablar volvieron a preguntar, ellos estaban interesados en conocerme a mí y no a la empresa, querían ir a la esencia y al corazón del proyecto y no sólo ver números. Querían ver el impacto que tenía By the land en la sociedad, la calidad de los productos, pero aún más importante querían conocer la razón por la que yo estaba creando esta empresa, querían saber genuinamente por qué me interesaba tanto este proyecto y cómo éste se alineaba a mi camino espiritual, a mi ser interior.

Las preguntas iban hacia una profundidad mayor, la realidad es que no tenía respuesta para este tipo de preguntas, sabía el impacto que estábamos teniendo en el mercado y el dinero que generábamos, pero jamás en este nivel de consciencia. Al final de nuestra conversación Javier me dijo unas últimas palabras: "La soberbia es una gran maestra, aprende rápido de ella."

En automático se me olvidó todo lo que habíamos conversado. Me despedí de los dos y caminé sin rumbo pensando en esas últimas palabras. Derrotada por tener ante mí una de las aflicciones que más rechazaba, la soberbia, ésta se había aparecido los últimos meses en sesiones con mi terapeuta y en el diplomado que estaba haciendo sobre psicología trans-personal, pero al escucharlo tan claro fue abrumador y bas-tante revelador, era como si hubiera estado caminando todo el tiempo a lado de mí y sólo ahora me podía dar cuenta de su presencia. Como si alguien le hubiera quitado la sábana con la que iba cubierta, me estaba dando cuenta desde dón-de me venía relacionando con los demás. Se había encendi-do la luz en una habitación abandonada.

De regreso a mi casa, mientras caminaba, genuina-mente me pregunté: "¿Qué es la soberbia? ¿De qué forma la soberbia se presentó en esta conversación?"

Observando más ese momento en el café donde es-tuvimos conversando los tres, me di cuenta que no dejé de hablar sobre la empresa, sobre lo que habíamos facturado y sobre los éxitos externos. En mis palabras no había una conexión interior, no había esencia, no había una intención que emergiera desde el Ser. Mi ego tomó el control todo el tiempo. Estaba queriendo demostrar lo buena que era para crear una empresa y lo único que se veía era mi inseguri-dad y el vacío que había detrás de esa soberbia. La misma inseguridad que Manolo pudo notar.

Ese año había sido la primera vez, desde que empren-dí, que una empresa había facturado millones de pesos mexi-canos, y se los había mencionado con mucho orgullo, como forma de validación. La realidad es que las ventas y el mar-gen de utilidad son dos cosas diferentes, de margen de uti-lidad la empresa no estaba tan bien, pero ellos habían visto más allá de las palabras. Había una desconexión real. Estaba subiendo la montaña del emprendimiento desde mi ego y cada paso que estaba dando me estaba dejando más vacía y alejada de mi Ser. Separándome de mi integridad.

La soberbia se presenta de formas muy sutiles, es tan escurridiza que no podemos notarla fácilmente, es como hemos aprendido a interactuar con los demás, nos hace más intelectuales, nos crea una falsa seguridad en nuestras habilidades y nos concede cierto poder sobre los demás y sin darnos cuenta hasta las bromas más pequeñas llevan tonalidades de esta arrogancia.

Cuando estás por contarle algo a alguien y lo dejas en suspenso, tu ego se siente poderoso porque tú sabes más que esa persona en ese momento, es una satisfacción tan sutil que lo seguimos haciendo para sentirnos que sabemos más; al menos por unos segundos nos ponemos en esa situación una y otra vez para recibir esa gratificación de superioridad en algo que consideramos inofensivo. Igual pasa cuando, en una conversación, usamos el nombre de una persona importante o famosa para validar nuestras palabras y nuestra historia.

Detrás de la soberbia se esconde la inseguridad, la ignorancia, se esconde una parte de tu personalidad que no quiere ser mostrada y te proteges con tu superioridad. Esto te aleja de los demás y sin lograr verlo terminas poniéndote una máscara de grandeza, de logros exagerados para ocultar tu inseguridad en tus capacidades y en consecuencia no puedes aprender de los demás, ni de la vida misma.

Los tibetanos tienen este dicho: "No crece hierba en la cima de la montaña, sólo crece en el valle." Es decir, una persona que se considera muy elevada e importante no puede aprender nada, es sólo la parte rocosa en la cima de la montaña y no el valle fértil donde las cosas realmente pueden crecer, donde algo nuevo puede surgir.

Nuestros actos, por lo general, están guiados por el ego, el ego está en una constante lucha por sobrevivir y hace todo lo posible para que los demás no descubran que estamos equivocados, muestra lo mejor de nosotros para ocultar nuestras debilidades y se pone a la defensiva cuando alguien tiene una opinión diferente sobre la vida. Sin saberlo, el ego automáticamente rebaja a los demás, crea jerarquías y una falsa felicidad. El ego lo que necesita es sentirse superior para ocultar su ignorancia y al mismo tiempo suplica que le digan que existe, que no es insignificante. El ego siempre desea algo, no se interesa por el otro, está envuelto en carencia, deseos frustrados, ira, resentimiento, acusación, quejas e indiferencia.

En consecuencia, el ego no nos permite aprender algo nuevo, nos nubla el camino, nos cierra oportunidades, nos hace pensar sólo en nosotros y en demostrar que es listo y no necesita de los demás, que sabe y es mejor que cualquier otro. Ésa es su forma de mantenerse vivo y es excelente en lo que hace.

El ego busca la atención tanto como el reconocimiento, la admiración o el ser notado de alguna manera, lograr que reconozcan su existencia. Eckhart Tolle en su libro *Una nueva tierra* nos recuerda esto: "El ego no es malo, sencillamente es inconsciente, cuando nos damos a la tarea de observar el ego comenzamos a trascenderlo. No conviene tomar al ego muy en serio, cuando detectamos un comportamiento egotista sonreímos, a veces hasta reímos. ¿Cómo pudo la humanidad tomarlo en serio durante tanto tiempo? Por encima de todo es preciso saber que el ego no es personal, no es lo que somos. Cuando consideramos que el ego es nuestro problema personal es sólo cuestión de más ego."

Lo que podemos desarrollar es nuestra conciencia y darnos cuenta cada vez que interactuamos desde el ego. Tan pronto como tomamos consciencia de nuestro ego, lo que somos más allá y nuestro yo profundo, el ego se irá debilitando, no desaparecerá, pero perderá fuerza en nuestra vida.

El ego no es el enemigo como nos han hecho pensar, cuando lo hacemos consciente se vuelve el vehículo para despertar. No es el antagónico. Uno despierta cuando éste se integra y en consecuencia podemos ver su gran rol, se vuelve realmente hermoso. La oportunidad de hacerlo consciente la tenemos todos los días, en cada interacción, en cada conversación, en cada pensamiento.

TODAS LAS ESTRUCTURAS SON INESTABLES INCLUSIVE LO QUE SE VE MÁS SÓLIDO.

Antes de terminar mi entrenamiento de psicología transpersonal y chamanismo decidí hacer una sesión de ayahuasca, no iría a Perú como la primera vez, había decidido hacerla en Ciudad de México con personas y facilitadores que conocía.

Llevaba ya tiempo en Camino Medicina, había estado en entrenamiento para estar en estados expandidos de consciencia, habíamos practicado con meditación, con hipnosis, tambores chamánicos e inclusive a través de prácticas como el yoga, aún así seguía sin acercarme a la opción de hacer ayahuasca por tercera vez. Todavía sentía cierto miedo de sólo considerarlo por mi última experiencia, pero de alguna manera empecé a sentir que era momento. Durante 6 meses estuve recibiendo señales y a pesar de mi resistencia inicial poco a poco el trabajo de purificación estaba iniciando, ahí supe que no había vuelta atrás. Estaba decidido, después de cuatro años regresaría a sentarme en una ceremonia con esta planta maestra tan poderosa.

Un día antes de mi sesión le pregunté a Paola si tenía alguna recomendación para mí, lo único que mencionó es que entrara con humildad al viaje: "Apenas empiecen a dar la medicina, entrega tus aflicciones, de esa forma los perros de la ayahuasca verán tu disposición. Ellos sabrán el trabajo que has hecho previamente, lo olerán y pasarán con alguien más, oliendo sus miedos y otras aflicciones. Después le comunicarán a la ayahuasca dónde habrá que trabajar más y hacer más purga."

Eso hice el día de la ceremonia. Pasé con el facilitador para que me diera la primera toma y regresé a mi lugar. Me senté en silencio y en un momento supe que había entrado en un estado expandido de consciencia, escuché la guía de la abuela, cómo se le llama a la energía de la ayahuasca. Me recosté, volteé mi cabeza del lado izquierdo y subí a una especie de lugar parecido a un centro de control, desde ahí empezaba a observar todos los procesos por las que estaba pasando durante el viaje interno en el que estaba.

Recuerdo que llevaba una lista bastante larga de preguntas y durante la sesión fui recibiendo la respuesta a cada una de ellas hasta que en un momento me di cuenta de que las preguntas podrían ser infinitas y aún así nunca iba a terminar de saberlo todo. Me puse de rodillas, puse mis manos en el piso y mi frente también lo tocó. Al hacerlo caí en completa aceptación de mi ignorancia, no iba a saberlo todo. No importaba la lista de preguntas que tuviera conmigo, el universo es infinito, la sabiduría es infinita, reconozco que no sé y eso está bien. En ese momento dejé de hacer preguntas y con humildad solté mi necesidad de querer entenderlo todo. Me rendí, dejé mi hoja de preguntas y me senté en postura de meditación contemplando mi mente, mis pensamientos. En ese silencio observaba mi necesidad de saber más que los demás, ser más que los demás, veía mi inseguridad, la validación y el amor que tanto buscaba. Respiraba y me permitía verlo. Estaba creando una nueva relación con la soberbia, la acercaba a mí y la abrazaba. En esa consciencia la soberbia se resignificó.

En ese momento empecé a reconocer mi capacidad de dar en la tierra, estaba reconociendo mi poder, mi humanidad, consciente del lugar que me corresponde en este planeta tierra. Al saberme como un punto con una perspectiva única en este universo se desvanecía la necesidad de ponerme por encima de alguien.

Fue un destello de verdad, un amor divino me envolvió. Me sentí en mi centro, en mi lugar, en mi poder.

Me hizo comprender mi pequeñez en este mundo y al mismo tiempo la grandeza que habita en mi ser. En ese momento abracé mi ignorancia, mi humanidad, respiré y agradecí por mis limitaciones; estaba bien no ser el centro del mundo como mi ego me lo había hecho creer y aun así sabía que tenía mi lugar en el gran cosmos.

Soy una gota en el gran océano, tan importante como las demás gotas, donde mi propia expansión significa la expansión de todo el universo.

Somos el universo hecho en pequeño,
estamos destinados a hacer cosas grandes
con pequeñas cosas.

Matias De Stefano

Había encontrado una nueva llave, la de la humildad. Una humildad muy diferente a la que nos han enseñado. Venía desde la consciencia donde reconocía mi poder y mi lugar en esta tierra, venía desde un amor infinito y desde la aceptación radical por lo que es. Una virtud con mucha profundidad. Era una humildad que me permitía ver con claridad y tomar poder de eso que observaba desde mi ser interior...

La sesión terminó después de más de 6 horas y salí de ahí en total agradecimiento.

Semanas más tarde después de haber hecho mi toma de ayahuasca sentía que ya estaba completamente en mi cuerpo. Normalmente cuando uno hace este tipo de sesiones se recomienda no tomar decisiones importantes al menos por las primeras 4 semanas porque seguimos ajustándonos a nuestro cuerpo y a nuestra psique, es un proceso de renacimiento el que pasa en ese tiempo. Algo que también sucede y que es importante mencionar es que al regresar a tu vida normal y al recibir los mismos estímulos de tu exterior, tu vieja identidad, patrones y hábitos mentales vuelven a aparecer. Esto quiere decir que el ego vuelve a dirigir tu vida. Es por eso que, aunque una planta de poder te muestre tu potencial o una virtud que se encuentra en ti o una dinámica que ya no te esté ayudando a avanzar, no significa que se hizo todo el trabajo. Te da luz y claridad, pero no ejecuta, hace o cambia tus hábitos por ti.

Después de una ceremonia y un trabajo interno como éste es importante un proceso de integración aún más importante de que compromiso para seguir observando y dándote cuenta de cómo interactúas con la vida misma. Por eso tus prácticas diarias se vuelven muy valiosas, ya sea que te mantengas en silencio, en contemplación o manteniendo una práctica de respiración consciente.

Esto te permitirá vivir despierto para darte cuenta de que la vida es la gran maestra, es la que te dará las oportunidades de realmente poner en práctica lo aprendido. En mi caso la humildad. Sólo que para aprender de ella la vida te mostrará su opuesto.

Todo ese año fue como si llevara a la soberbia a mi lado día y noche, la mayoría de las veces se mantenía con la sábana puesta y otras se la quitaba para que supiera que seguía presente. A veces me resistía a verla —como la vez en el café con Javier— y en otras ocasiones no me quedaba de otra que voltear y verla a los ojos. Sé que la mayor parte del tiempo se esconde en mis palabras, en mi actuar sin poderla ver, en mis decisiones, es tan escurridiza que se requiere de mucha presencia. Mi práctica de meditación se volvería clave en este camino.

La soberbia es la del ignorante, la del que no sabe
y dice saber, la de quien no es y dice ser,
aquel que no tiene y dice tener.

La intención no es eliminar la soberbia o la arrogancia, la intención es que ésta se vuelva tu maestra, reconocerla te abre las puertas a elegir diferente y despertar las virtudes que ya existen en lo más profundo de tu corazón, amando lo que está enfrente de ti. Amando lo que ves, amando tu humanidad.

Te comparto una historia.

Kazan, un maestro Zen y monje, estaba por oficiar el funeral de un hombre de la nobleza. Mientras estaba ahí esperando por el gobernador de la provincia, notó que las palmas de sus manos estaban sudando. Al siguiente día llamó a sus discípulos y confesó que no estaba listo para ser un verdadero maestro. Les explicó que todavía no se consideraba igual a los demás seres humanos sin importar si eran mendigos o reyes. Todavía no podía ver más allá de los roles sociales y las identidades conceptuales y ver la igualdad de todos los seres humanos. Se fue y se convirtió en el estudiante de otro maestro. Regresó con sus discípulos 8 años después, iluminado.

Humildad no es hacerte menos ante las demás personas, es reconocer la igualdad entre un escarabajo, una planta, un coyote y otro ser vivo o humano sin importar su posición o la cantidad de dinero en su cuenta. La humildad es nunca ver hacia arriba a nadie y nunca menospreciar a nadie. Es ver todo tal cual es.

La trampa de la superioridad o de la inferioridad es algo en lo que podemos caer una y otra vez. Es un entrenamiento del día a día y una de las mejores tareas que se nos fueron asignadas como seres humanos cuando decidimos encarnar en este mundo.

En las diferentes religiones se usa mucho la práctica de arrodillarse, esta práctica ayuda a recordarnos humildes, mostrar respeto por algo más grande que nosotros. Es una práctica de humildad sabiendo que estamos al servicio de otros seres sintientes, sabiendo lo pequeños que somos. Nos permite recordar nuestra ignorancia, nuestro sufrimiento y entregarnos en ese momento ante la vida. Arrodillarse en un acto voluntario ante el amor divino que ya existe en nosotros, ante la grandeza, nos conecta con una fuerza que va más allá del tiempo y del espacio.

Al arrodillarte en completa presencia, sientes que tu corazón está siendo tocado por el amor más grande e incondicional, no hay otra forma de abrazar todo ese amor más que arrodillándote ante tanta belleza, sabes que no eres perfecto, reconoces tus limitaciones y desde ese momento tu única responsabilidad en esta vida es regresar una y otra vez, volver una y otra vez a tu esencia, a tu poder, a tu centro.

El deber está en actuar lo mejor que puedas sin importar la actividad en la que te desenvuelvas. Actuar desde tu poder interior, actuar desde la consciencia y desde tu corazón. Cada acto en esta realidad genera una frecuencia vibracional que trasciende esta dimensión, mueve olas en la consciencia y sin que podamos observarlo con nuestros 5 sentidos se crean ondas que se mueven infinitamente en todos los sentidos, como cuando arrojas una piedra en un cuerpo de agua y puedes ver las ondas transversales que se empiezan a propagar. Tus elecciones están impactando a la consciencia colectiva.

En marzo del 2022 dejé la operación de By the land, dejé de buscar capital para hacer crecer la empresa, seguiría siendo dueña de la empresa, sólo que ya no tendría ningún rol dentro de ella, ni recibiría un sueldo como antes. Había estado recibiendo esta información durante todo el año y yo simplemente no quería verlo. En Camino Medicina, meses antes de dejar la operación de By the land, hicimos un ejercicio para activar nuestro tercer ojo. La intención era caminar con los ojos vendados y despertar nuestra intuición. Nos movíamos en grupos, tratando de no toparnos con otras personas.

Hubo un momento donde me quedé cerca de la pared y prefería tener la pared como referencia porque al menos ahí no iba a toparme con otras personas. En eso llegó Paola y me dijo al oído: "Si no hay camino por ahí, muévete", y en una voz aún más baja: "Suelta la empresa."

Llevaba un tiempo pensando en salirme de By the land pero seguía atada a su potencial y mi ego no quería perderse del poder, del dinero y de la superioridad, me tomó más de un año soltar esa conversación constante, salir de la operación de la empresa me ayudó a sentir que estaba moviéndome un poco de la pared de la que me estaba agarrando. A pesar de eso mi energía seguía ahí, seguía en la pared segura, seguía atendiendo las juntas de consejo, revisando cada tres meses las finanzas y viendo estrategias con mis socios para seguir creciendo, un día lo sentí. Era momento de realmente moverme y soltar la pared.

Finalmente vendí mis acciones en marzo del 2023; ya no sería dueña de la empresa. Por un lado, mi ego no quería soltar la identidad de empresaria; sin una empresa exitosa, ¿quién sería ahora?, por otro lado sabía en lo más profundo de mi ser que ni mi energía, ni mi corazón, ni mi atención estaban ahí.

En este momento entré en una narrativa de inferioridad, mi gran inseguridad empezó a surgir, desconfiaba constantemente de mis capacidades para crear otra empresa. El sentir de la inferioridad se estaba presentando la mayor parte de los días. La vida se estaba volviendo la maestra, cada día me hundía más en esa narrativa de no ser suficientemente buena para crear y sostener una empresa. El miedo más grande era perderme, ya no tenía de dónde agarrarme. Había quedado flotando en un mar de incertidumbre.

Volví a quedarme en la forma, en la identidad creada por el exterior, me había atrapado una vez más el ego y no veía la salida. Era como si nunca hubiera hecho la última toma de ayahuasca de casi dos años atrás, donde pude conectar con mi poder interior, con mi grandeza y con todo lo que significa la virtud de la humildad.

¿Cómo podía volver a confiar en mí sin que esto viniera desde el ego y la soberbia? ¿Cómo podía construir mi confianza de forma sana y desde la virtud? Pasé varios meses envuelta en narrativas que me estaban lastimando y un día me atreví a verlo todo. Me fui a mi silla de meditación y me puse a meditar en completo silencio, estaba lista para sentirlo, para estar enfrente de lo que estuviera presentándose. Sentir de nuevo todo, el rechazo, la falsedad, sentir que no era buena, sentir el fracaso, la inferioridad, sentir cómo una parte de mi estaba muriendo. Estaba en un proceso de aceptación radical ante cada emoción que se presentaba. No sé cuanto tiempo pasó cuando recordé uno de los mensajes que me había compartido Javier Razo un año antes en el café: "Hay una forma diferente de evolucionar y crecer, ya no tienes que hacerlo desde el sufrimiento, puedes elegir hacerlo desde la virtud."

Respiré profundamente y poco a poco empecé a conectar con lo más profundo de mi ser. Estaba conectando con mi esencia, alineándome y descubriendo de nuevo mi gran lugar en este planeta tierra. Recordé mi grandeza y encontré de nuevo la llave a mi aflicción, la virtud de la humildad. El silencio estaba haciendo un gran trabajo, un proceso de alquimia pura.

La humildad nos da claridad y eso nos permite observar nuestro sufrimiento, nuestra sombra y caminar sabiendo que no hay nadie inferior ni superior, que todos estamos en el mismo camino. El ego nos engaña, le encanta compararse con los demás, le da miedo el qué dirán, finge ser fuerte, quiere demostrar lo que vale y lo quiere todo. Una persona con confianza puede aprender de cualquier persona porque sabe que es ignorante y la sabiduría es infinita. Es una persona vulnerable y reconoce su grandeza interior.

Eckhart Tolle comparte un texto que me ha ayudado en este camino de abrazar más la humildad en mi vida:

Si no hubieras sufrido como has sufrido no tendrías profundidad como ser humano, ni humildad, ni compasión. No estarías leyendo esto. El sufrimiento abre el caparazón del ego, pero llega un momento en que ya ha cumplido su propósito. El sufrimiento es necesario hasta que te das cuenta de que es innecesario.

La humildad te llevará a ir más allá de las comparaciones, ir más allá de relacionarte con alguien sólo por el valor percibido por sus capacidades. Accedes a una nueva dimensión del perdón, donde reconoces tu sombra y tu humanidad yendo más allá de los logros o los fracasos en tu vida.

En el budismo la humildad es la ausencia de comparaciones, es el camino medio entre dos extremos, el de sobreestimar nuestra capacidad o menospreciarla. También es el camino medio de pensar que somos más importantes que los demás o que valemos menos. La humildad tiene como resultado el desarrollo de una autoestima que trasciende los extremos del orgullo y del menosprecio.

La humildad nos permite aceptar nuestras limitaciones y al mismo tiempo tener confianza en nuestras capacidades para avanzar y evolucionar como personas. Cuando estamos desarrollando un camino espiritual la humildad nos abre las puertas a nuestro ser y a nuestra sabiduría interior. De otro modo nos quedaríamos viendo sólo con el lente de la soberbia o de la inferioridad en el mundo de la forma. Nos quedaríamos siendo las mismas personas, con una visión limitada del mundo, atrapados en un juego sin salida.

La humildad no es agacharse frente al otro, ni hacerse pequeño, tampoco es invalidar tus capacidades. La humildad no es bajar tu importancia ni tu valor, la humildad no es quedarte donde mismo para no molestar a los demás, tampoco es ser modesto o ser humillado. Humildad es posicionarte donde te corresponde, saber tu lugar en la tierra sin ponerte por encima de nadie, tener confianza en tus habilidades. La humildad es reconocer tu grandeza y tu poder interior. Reconocer tu importancia en la expansión-evolución del cosmos.

El construir tu autoestima, conectar con tu esencia pura y reconocerte en toda tu humanidad te permiten despertar y desarrollar la humildad en tu vida. Es un proceso de autoconocimiento constante y de curiosidad por la vida, de encarnar un nuevo concepto sobre ti que viene desde la consciencia, este concepto puede ser el de reconocer la seguridad verdadera y no la soberbia que está diseñada para ocultar la inseguridad.

Debemos estar dispuestos a sentarnos con nuestra aflicción, con las emociones incómodas, con nuestra inseguridad y darle el espacio que requiere y aunque el ego intente recuperar su dominio todos los días, la práctica continua de la humildad y la observación consciente nos permitirá integrar mejor nuestras lecciones, nos permitirá aprender y encontrar de nuevo nuestro centro para mantenernos alineados a nuestro poder interior y nuestro lugar en esta tierra.

La meditación de este capítulo te ayudará a conectar con la frecuencia de la humildad para que ésta se active en tu cuerpo y la puedas encarnar en tu día a día.

MEDITACIÓN

Inhala profundamente y exhala. Lleva tu atención a tu corazón y siente cómo se llena de calor todo tu cuerpo con cada inhalación y con cada exhalación.

Respira.

Siente cómo en cada inhalación tu abdomen se expande y en cada exhalación tu abdomen se contrae.

Siente tus hombros, tus brazos, tus manos.

Ahora siente tus caderas, tus piernas, tus pies.

Estando en este estado de presencia imagina que estás en un bosque con árboles muy viejos y altos. Debajo de ti está lleno de vida, de hojas secas, de tierra y te hincas para tocar la tierra que está debajo de ti. Conectas con la vida y la muerte. Te sientes parte del bosque, eres parte del bosque, no hay separación entre la hoja o la hormiga que camina a tu lado.

Te maravillas de la perfección que habita en todo incluyendo tu humanidad. Agradeces por todo lo que es en ese momento, observas todas las formas que existen en este bosque y vas más allá de esta forma, conectas con la consciencia de cada parte de este bosque y respiras. Despacio, en tu mente, te pones de pie y giras 90 grados.

Ahora estás en un valle, ves el cielo azul arriba de ti y debajo de ti un jardín verde. Estando en presencia sientes cómo el aire empieza a recorrer tus mejillas, lo sientes en tus brazos, en tus piernas y caminas. Con cada paso que das sientes la unidad con el mundo que te rodea, con cada inhalación sientes cómo el aire entra en tu cuerpo, llenándote de energía y claridad. Cada

exhalación libera cualquier tensión o preocupación, permitiéndote dejar ir aquello que ya no te está permitiendo avanzar, el
aire te ayuda en este proceso llevándose eso que ya no te ayuda.
Le agradeces por su poder y sabiduría y giras otros 90 grados.

Estando en este estado imagina que enfrente de ti está
el océano, con sus olas y su brisa. Un majestuoso océano que
te invita a la quietud, a conectar con tu propia grandeza, con lo
infinito, con lo simple. Reconoces el estar vivo como tu mayor
bendición y pones tus manos en forma de oración en tu cabeza.
Y mientras aprecias la vida y el océano, agradeces por la profundidad del océano, por su majestuosidad y por su sabiduría, y
el océano te recibe, te limpia, te purifica. Llevas tus manos a tu
corazón y giras 90 grados hacia tu derecha.

Te encuentras ahora en una selva de noche y al fondo ves
que hay una fogata encendida, caminas hasta llegar al fuego que
está encendido para los nuevos caminantes que llegan. Te pones
enfrente de este fuego y sientes la calidez y la fuerza con la que se
mueve. Este fuego te permite conectar con tu alma, te permite
ver más allá de la forma y de tu humanidad, te das cuenta de que la
verdadera tarea es conectar contigo, con tu corazón, con tu fuego
interno. Giras de nuevo 90 grados y regresas al punto de inicio.

Te mantienes en silencio y abres tu corazón. Sientes la
humildad activándose en todas tus células, despertando en ti.

Reconoces que el verdadero poder que puedes obtener
no es por estar encima de los otros sino por estar sentado en tu
propio ser. Ser humilde no es quitar poder, es reconocer tu propio poder. Sólo puede ser humilde aquel que ha logrado reinar
su mundo interior.

Respira profundo y regresa tu atención a tu corazón.
Te permites amar todo lo que puedas amar, amas a un árbol, al
océano, al fuego, ama tu soberbia, tu ignorancia, tu humanidad,
y vas más profundo en ese amor. Hasta que amas todo lo que
eres y lo que es. Vas más adentro de ti en este amor.

Cada elemento te ha mostrado una parte única dentro de ti, te ha permitido aceptar con gratitud tus limitaciones y al mismo tiempo conectar con tu divinidad, te ha permitido ser uno con todo y agradecer ser parte de todo como individuo.

Y antes de terminar repite en tu mente:

Mi corazón se abre a la compasión
y al respeto de todos los seres.
Cultivo la humildad en mis pensamientos, palabras y acciones.
Honro este momento que me he dado
para cultivar la humildad en mi vida.

Cuando estés listo puedes abrir los ojos.

9. Desde adentro

El océano en lo más profundo permanece sereno.

Había pasado un año desde que inicié en Camino Medicina y había llegado el momento de nuestra graduación; para cerrar el entrenamiento nos fuimos a las afueras de Ciudad de México a un retiro de 3 días. Yo estaba súper feliz, habían pasado tantas cosas ese año que me sentía muy bien de cerrar este ciclo.

El segundo día del retiro Paola nos puso en grupos de 5 personas, estábamos en círculos, sentados en postura de meditación, y nos dieron indicaciones simples: estar presentes con lo que ocurriera. No llevaba ni 10 minutos en la meditación cuando empecé a sentir de forma muy sutil cómo estaba cayendo en una hipnosis consciente, así lo puedo describir, era la primera vez que lo sentía de esa forma. Un espacio donde estaba consciente, pero todo se sentía diferente a pesar de que mis ojos estuvieran abiertos, algo más estaba mostrándose, era un estado expandido de consciencia. Estaba en completa observación y no sentía el juicio de mi ego.

Dejé de escuchar las palabras de Paola, sabía que de fondo se escuchaban tambores chamánicos. Empecé a moverme, solté la postura de meditación y me hinqué, toqué mis rodillas en sorpresa, me levanté y empecé a tocar mi cara y en ese momento me di cuenta que tenía un cuerpo.

¡Tenía un cuerpo! Jamás había sentido eso en mi vida. Estaba maravillada e incrédula. Tocaba cada parte de mí, mis brazos, mi pecho, mis manos, mis rodillas. Y seguía repitiendo que tenía un cuerpo y no dejaba de sonreír. Qué regalo tan grande, era un éxtasis y un placer indescriptible. Cuando salí de ese estado pensé que eso era lo que estábamos buscando; como almas antes de bajar a la tierra, experimentar lo que es tener un cuerpo, una experiencia humana pero apenas entramos en él todo se nos olvida.

Esto duró sólo unos minutos y poco a poco me volví a hincar en silencio, mi cuerpo sentía la necesidad de acostarse, toqué el piso completamente y me puse en posición fetal. Estaba de regreso y ahora sentía dolor, mi cuerpo se sentía muy denso, estaba conectando con la depresión donde nada importaba y no quería hacer nada. Me atoré en esa sensación, la estaba rechazando hasta que me di cuenta que estaba experimentando la polaridad.

Paola llevaba hablándonos de la ecuanimidad durante meses, pero nunca nos dio como tal la definición de ecuanimidad y cuando por mi cuenta la busqué tampoco lograba entenderla, a mí me gustaba tocar las cosas, experimentarlas, saberlas con mi cuerpo y no sólo por definición, así que pasé varios módulos sin realmente entender este concepto.

Me volví a sentar en postura de meditación, me encontraba en una estado de presencia como nunca antes, podía observar como si los eventos pasaran a través de mi cuerpo y noté algo muy sutil, pude ver cómo la vida estaba compuesta de polaridades, placer y éxtasis por un lado y después momentos de aflicción y dificultad. El camino no estaba en rechazar lo malo o apegarse a lo bueno de la vida, el camino era aprender a mantenerse observando en neutralidad. En ese momento un nuevo concepto surgió desde lo más profundo de mi ser. Ecuanimidad.

Por primera vez podía sentirla, podía entenderla, había encontrado una llave más, una nueva virtud para caminar en esta vida y se encontraba en la presencia. En ese momento el regalo más grande fue experimentar la forma en la que el ser humano interactúa ante el dolor y el placer y cómo éste también puede vivir en un estado de ecuanimidad.

Dentro del budismo la ecuanimidad es una de las virtudes a desarrollar como parte del camino a la iluminación. La describen como la actitud con la que no se espera nada a cambio por la ayuda que uno da a los demás, se es indiferente al placer y al dolor y a cualquier beneficio o daño que se pueda recibir. La ecuanimidad se cultiva a través de la comprensión de la impermanencia de la vida. Se nutre del desapego, permitiéndote experimentar los altibajos de la vida sin aferrarte a ellos.

Esta actitud nos lleva a experimentar los placeres, las alegrías, las aflicciones y todo lo que podemos llegar a sentir en esta experiencia humana desde un lugar responsable y maduro y así enfrentar el mundo con calma y claridad.

La ecuanimidad se convierte en un faro de serenidad en medio de la tormenta emocional. Desde la perspectiva taoísta, la ecuanimidad se asemeja al fluir del agua, adaptándose sin resistencia a los obstáculos del camino, donde la quietud interior permite una conexión profunda con el universo.

La ecuanimidad se trata de encontrar un equilibrio interior en todas las áreas de la vida, independientemente de las circunstancias externas.

Dentro de la filosofía Taoista se habla del camino de lo simple y lo fácil, dejarte ir con la marea que viene para llegar a tu destino.

En *Midnight Gospel*, lo explican aún mejor, es una serie en Netflix enfocada en espiritualidad, surge de un podcast de Duncan Trussell llamado *The Duncan Trussell Family Hour*. Aquí lo interesante es que la serie está creada en una dimensión diferente a esta realidad y el entrevistador tiene un simulador con el que viaja a otros mundos y en cada mundo habitan los diferentes invitados del podcast. Entre ellos: maestros espirituales, médicos, especialistas en *mindfulness* o tradiciones budistas. Todas las entrevistas de la serie están basadas en entrevistas reales y todas son muy interesantes, pero hay una que me enamoró, es de mis preferidas y la repito cada que puedo.

Este episodio se llama "Desde adentro" y es especial porque es una entrevista que Duncan le hace a su madre, Deneen Fending, quien falleció luego de cuatro años de luchar contra el cáncer de mama. En este capítulo se da una conversación sobre la vida, la muerte y el renacimiento. En algún momento, Duncan describe cómo es la vida de la mayoría de las personas y usa una analogía muy sencilla: es como si estuviéramos en un río y un día la canoa en la que vamos se descompone y nos quedamos estancados en las orillas del río, ya sea en las ramas, en los arbustos o en una de las piedras y no sabemos cómo salir de ahí. Lo que ocasiona que a largo plazo la persona empieza a odiarse, a culparse y termina creyendo que ahí es donde deben de estar, en la orilla del río y eso se empieza a sentir incómodo. Con el tiempo, la incomodidad se empieza a sentir cómoda y terminan quedándose varados, pensando que no hay otra solución.

Queriendo dar una solución a sus oyentes, Deneen le pregunta a su madre: "¿Cuáles son los pasos que pueden seguir las personas para conectar con su Ser interior y su verdad?"

Una de las recomendaciones que nos dan en la entrevista para salir de este lugar e iniciar la búsqueda de la verdad es mantenerte presente. Esto significa poner el futuro y el pasado a un lado y empezar a estar en tu cuerpo, a sentirte y percibirte desde adentro. Si haces esto tu estado de consciencia cambia.

Regresar a tu cuerpo te permitirá darte cuenta que estás atrapado en la orilla del río, ahora sí podrás sentir que los mosquitos llevan rato picándote. Al regresar al momento presente notarás cómo empiezas a moverte, el río siendo la vida misma te ayudará con su flujo constante, tú sólo tienes que querer avanzar. Lo que ocurre de forma natural es que empiezas a tener claridad y entras en un estado de consciencia diferente.

Este proceso de percibir tu cuerpo y percibirte desde adentro es parte de la meditación, es un paso importante en este cambio de consciencia, lo que estás haciendo es entrar a un estado de presencia donde empezarás a sentir el flujo de energía. En ese momento sabrás que hay un río y que fluye.

Este río es la vida cambiante transformándose, lo mismo pasa dentro de nosotros, existe un flujo y puedes sentirlo cuando estás en presencia, ése es el río de la vida. Permitirnos escuchar ese flujo, avanzar y no apegarnos a la forma, a la realidad no observada, es lo que nos dará nuestra verdadera independencia. Cuando escuches ese flujo y lo atrapes, todo será más sencillo.

La primera vez que vi este capítulo, salí a caminar por mi casa en Ciudad de México, pensando en lo que era la ecuanimidad, en eso, un semáforo se puso en rojo para mí, sin pensarlo cambié de dirección y crucé la calle que sí estaba en verde; en ese momento me di cuenta cómo estaba siguiendo el flujo de la vida. Me vi en un río, era como si otra compuerta se abriera y yo seguía ese nuevo flujo. No lo pensé mucho, lo hice de forma muy natural. Mientras cruzaba la calle noté a una pareja de extranjeros que venía caminando hacia mí, justo cuando se acercaron escuché: "Move forward and let it go."

No me la creía, eso era la ecuanimidad en su forma más sencilla y al mismo tiempo era un resumen de lo que había estado escuchando en la serie. No rechazar lo que es, seguir avanzando, escuchar el flujo de la vida y dejar ir eso a lo que te estás apegando. Esa noche estaba experimentando de nuevo la ecuanimidad de una forma muy sutil. Estaba presenciando la ecuanimidad que se puede vivir de una acción tan sencilla como es el cruzar una calle.

¿Cómo sabemos que estamos en la orilla del río sin escuchar el flujo de la vida? Normalmente estamos ahí cuando nos sentimos estancados en el trabajo que tenemos, cuando llevamos meses o años sin tomar una decisión, como lo que me ocurrió con By the land, pasó más de un año para que pudiera soltar esa situación. Esto también aplica con las relaciones que se vuelven los mosquitos que te están picando y no te das cuenta. Pasa con tu carrera profesional, con la ciudad donde vives, pasa con situaciones del día a día que nos llevan a pensar que así es la vida y que lo único que tenemos que hacer es quedarnos ahí hasta morir.

La ecuanimidad te invita a retomar el flujo de la vida, te invita a vivir más presente para que puedas darte cuenta dónde estás.

Mi hermano Luis vive en Puebla y suele visitarme en Ciudad de México, un día nos fuimos a comer a un restaurante tailandés que nos gusta, el clima era perfecto y decidimos sentarnos en la parte de afuera. La conversación fue algo diferente ese día, empezamos a hablar sobre mi clase de budismo donde estaba aprendiendo sobre los diferentes reinos en los que vivimos como estados mentales y de consciencia. Le comentaba que existía un reino de los dioses donde se podía experimentar el asombro constante, el placer puro, la curiosidad y que muchos acceden a éste a través de diferentes técnicas como el arte, la meditación y hasta los psicotrópicos. También comentábamos que después de acceder a estos estados al salir de ellos se podía llegar a tener estados depresivos súbitamente porque estás en rechazo de lo no sutil, rechazando otros estados de la mente; la consecuencia de esto es que terminan más fragmentados.

Esto hizo que mi hermano dirigiera su curiosidad más hacia la felicidad entendiendo que es el mismo reino donde existe el placer puro y me preguntó: "¿Cómo mantenernos en estados de felicidad constante?"

Qué buena pregunta me había hecho, ésta es una de las preguntas inherentes en el camino del crecimiento personal y espiritual. Todo el mundo busca felicidad a través de una experiencia objetiva, un objeto, un estado mental, una substancia, una relación, una actividad, la familia. Cuando hemos accedido a muchas experiencias objetivas o a un estado mental de asombro y aún así no sentimos que hemos encontrado la felicidad empezamos a sospechar que la felicidad que buscamos no podrá ser dada a través de una experiencia objetiva y surge un vacío muy grande. Nos damos cuenta que si estamos buscando la felicidad esto quiere decir que no la tenemos, lo cual puede ser frustrante, incluso deprimente.

¿Qué buscamos realmente cuando decimos que queremos ser felices?

La mayoría de las veces cuando hablamos de querer ser felices, estamos buscando pertenecer, queremos sentir que somos parte de algo más grande de lo que somos, que nos reconozcan, que alguien esté ahí para nosotros, que nos escuchen.

Estamos tan inmersos en nuestra experiencia de vida que no nos damos cuenta de lo que ya somos y eso ocasiona que pasemos por alto nuestra esencia. Se genera una constante sensación de insatisfacción y una búsqueda eterna de la falsa felicidad.

Mi hermano ahora me preguntaba si había una forma de sentirnos bien sin tener que buscar más experiencias externas. En ese momento recordé una escena de un documental que me gusta mucho, se llama *Chasing the Present* y que podía responder mejor a esta pregunta.

En una escena, Sri Prem Baba comparte lo siguiente:

> Conquistar algunas cosas en el mundo material forma parte del viaje del ego, el ego necesita cristalizarse para deconstruirse. Una etapa fundamental de ese viaje es el empoderamiento del ego. Saber que puede encargarse de la vida, que puede ganar dinero, que puede realizarse materialmente, que puede ser reconocido.
>
> Ésa es una etapa natural del proceso del desarrollo de la consciencia. Esa cristalización es diferente para cada uno. Habrá personas que se conformarán con tener poco, pues ese

poco es suficiente para sentirse empoderados y felices con su vida, en paz con ese deseo y pueden seguir adelante en su viaje por el mundo espiritual. Hay personas que necesitarán ganar un Oscar, otras que necesitarán tener su nombre en neón. Hay personas que necesitarán de muchas cosas porque el deseo es un pozo sin fondo, nunca se termina.

Pero el hecho es que, en algún momento, tiene que llegar a un acuerdo con el deseo para dejarlo y seguir el viaje espiritual.

Tomar consciencia de la insatisfacción es el inicio de la transformación. Esta insatisfacción muestra el inicio de una deconstrucción del ego. El Ser no sufre, quien está sufriendo es la máscara, porque está perdiendo control del juego. La mente está tan identificada con el pensamiento que piensa que el sufrimiento y la ansiedad es real. La práctica de auto indagación y el cultivo del silencio hace que tomes las riendas de la mente. Eso es libertad.

Estábamos terminando de cenar cuando llegaron dos palabras a mi mente. Eran dos llaves que se podían usar hacia la liberación del sufrimiento o cuando estamos en búsqueda de la falsa felicidad. Esas dos palabras eran ecuanimidad e impermanencia.

Estas dos llaves se podían usar en los momentos de insatisfacción. Por un lado, la ecuanimidad nos está ayudando a no rechazar lo incómodo y nos mantiene observando lo que se está presentando en nuestro Ser, más allá de lo que pensamos o sentimos de esa situación. Por otro lado, la impermanencia nos recuerda que todo está cambiando y que podemos aceptar el cambio en lugar de resistirlo, volvernos parte del flujo de la vida, movernos con el río sin aferrarnos a la orilla donde hemos estado estancados por tanto tiempo.

Y en momentos de mucha felicidad tener la capacidad de agradecer y recordar que esto también pasará.

Esto nos permitirá acercarnos a la consciencia, a nuestro Ser y a vivir desde un lugar de plenitud, porque lo que buscamos al final no es la felicidad, lo que buscamos es regresar a nuestra esencia, al Ser, porque ahí es donde se vive en plenitud. Más allá de las cosas, de los fenómenos, de los títulos, de los logros, de las casas, del Oscar o cualquier otra identificación con este mundo, la felicidad radica en estar plenos y conscientes.

Íbamos caminando de regreso a mi departamento cuando una última palabra llegó a mí como una última llave para la felicidad, desapego.

Esta palabra es parte de la ecuanimidad, el desapego a los fenómenos, a los objetos. Estar con lo que es en ese momento, sin querer cambiarlo. Abrazar lo incómodo, la incertidumbre, el sufrimiento y soltar lo bueno, lo estético, el asombro. La autorrealización, la famosa libertad que buscamos es básicamente desapego, es la aceptación del flujo de la vida, es dejar ir.

Había disfrutado tanto esta conversación que cuando llegamos al departamento le señalé que el despertar ocurre cuando empezamos a hacernos preguntas, lo que importa es la curiosidad que hay en ti y eso había ocurrido esa noche. Las preguntas venían de una curiosidad genuina y a partir de ahí él seguiría recibiendo las respuestas si estaba dispuesto a escuchar.

La meditación, el silencio y la contemplación nos permiten esta escucha, normalmente vivimos dispersos, fuera de nosotros y en confusión sobre la vida, sobre nosotros. La meditación nos permite regresar a casa, nos enseña a convivir finalmente con nuestro Ser. Para recibir las respuestas primero hay que crear un espacio entre los estímulos que están enfrente de nosotros y nuestra respuesta a cada uno de ellos.

Meditar se vuelve un camino hacia la ecuanimidad y aunque sea claro este transcurso, la mayoría de las veces se acompaña de resistencia, que se muestra de diferentes formas y hasta los meditadores más frecuentes siguen experimentándola, es sencillo encontrar razones para abandonar la práctica como el dolor en las rodillas, el sentir que estamos perdiendo el tiempo, la incapacidad de estar incómodos en nuestro cuerpo a pesar de probar diferentes posturas, el no ver los resultados de estar sentados en silencio. No se nos dice que esa resistencia a la práctica meditativa es la misma que la resistencia a la vida. La resistencia a la realidad es lo que nos hace sufrir. La resistencia es la que nos está cerrando la oportunidad de encontrar las joyas, la guía y las respuestas a nuestras preguntas.

Entre más profundices en tu práctica de meditación, más le exiges a tu madurez, la resistencia requiere de ti una capacidad mayor de asumir las propias responsabilidades. La práctica se vuelve el camino más directo para el autoconocimiento. Es la herramienta por excelencia que te prepara constantemente para el juego que es la vida.

Meditar es sentarse a observar los movimientos de la propia mente, te permite llevar tu atención al momento presente y mantenerte en completa ecuanimidad. Observar se vuelve el camino, es aquí donde tu mente deja de pensar. Esta práctica te entrena para llevar esta observación a tu día a día, te entrena para que puedas cambiar un ciclo de pensamiento y que tu mente reactiva no sea la protagonista. Mantener una mente ecuánime te permite elegir cuales pensamientos cultivar y ser consciente de lo que estás creando para tu vida.

No es que debamos evitar la felicidad, sino que debemos esforzarnos todo el tiempo por mantener la consciencia de nosotros mismos como individuos en desarrollo, bajo las experiencias más placenteras y dolorosas. La meditación te abre a un estado de ecuanimidad más allá de rechazar o apegarnos a los diferentes estados que nos muestre la vida. Esto nos hace reconocer que la felicidad está en nosotros y le ponemos fin a la búsqueda imposible e insatisfactoria de la felicidad en la experiencia objetiva.

En tu vida diaria la ecuanimidad se puede ver de diferentes formas, por ejemplo, cuando surge algún desafio en el trabajo, la persona puede recordar la naturaleza impermanente de las situaciones y enfocarse en abordarlo con calma y claridad en lugar de dejarse llevar por las emociones del momento como el estrés.

La siguiente meditación está diseñada para que puedas practicar la ecuanimidad e integrarla en tu ser.

MEDITACIÓN

Cierra los ojos.

Respira profundo, inhala y exhala lento.

Siente cómo en cada inhalación tu abdomen se expande y en cada exhalación tu abdomen se contrae.

Siente tu coronilla, tu cara, tu cuello, tus hombros y tu pecho.

Respira.

Siente tus brazos, tus manos, tu cadera, tus piernas, tus pies.

Respira.

Mantente en silencio por los siguiente 3 minutos para conectar cada vez más y más con la profundidad de tu ser.

Un minuto más.

Imagina que te encuentras en una playa, el mar representa las olas de la vida, con sus altibajos, cambios y desafíos. Observa cómo las olas vienen y van, pero el océano en lo más profundo permanece sereno.

Lleva tu atención a las olas del mar y visualiza cada ola como una situación o experiencia en tu vida. Ve cómo cada ola está en constante cambio y cómo ninguna de ellas es igual. Cada experiencia en esta vida, por más intensa que sea, no es permanente. Al igual que las olas todo surge y luego se desvanece.

De forma consciente, cada que veas una nueva ola comienza a soltar cualquier apego a las situaciones, expectativas y deseos. Reconoce que el sufrimiento surge cuando nos aferramos a lo que es transitorio.

Permite que cada ola fluya sin resistencia, suelta cada ola a nivel emocional y mental.

Ahora pon tu atención en la profundidad del océano, siente su calma constante, incluso cuando en la superficie sigan moviéndose con intensidad las olas. Reconoce que la verdadera ecuanimidad proviene de conectarte con tu esencia, con tu verdad, con tu Ser interior tranquilo y estable en medio de los cambios.

Regresa la atención a tu respiración. Toma algunas respiraciones profundas y cuando estés listo, puedes abrir tus ojos.

10. La gran fuga energética

La envidia es una gran fuga de energía,
tu imaginación se bloquea
y tu vida se ancla en el exterior.

Llegué por primera vez a terapia porque no me podía sacar de la mente a una persona, y no, no era por una ruptura amorosa, era una relación de amistad.

Todo el tiempo sentía que a esta persona le iba mejor que a mí, que se le estaban cumpliendo todos sus sueños y yo seguía donde siempre. Fueron muchos los pensamientos que me llevaron a la cama y no podía hacer nada durante mi día. Todos los días era la misma narrativa que continuaba en un *loop* constante: no soy buena creando, no tengo los mismos resultados y no soy buena manifestando.

Era algo que no quería sentir, no se sentía bien y llegaba a mí el enojo y la frustración. ¿Cómo era posible que yo no tuviera lo que quería si había tomado las mejores certificaciones y había puesto miles de dólares de inversión en mi crecimiento personal?

Después de 6 meses decidí pedir ayuda y llegué con mi primer terapeuta. Lo que más quería es que esos pensamientos se fueran de mi mente, eran bastante incómodos y nuevos para mí. Lo que no sabía en ese momento es que mi terapeuta no me podía quitar esos pensamientos de mi mente, tampoco lo podía hacer ninguna pastilla o ninguna planta sagrada.

Aquí es donde empecé a meditar de 4 a 6 horas al día para calmar mi mente y buscar otro lugar fuera de esta realidad. Buscaba constantemente experiencias místicas para sentir que había escapado. A los meses me di cuenta de que estaba usando mi práctica de meditación como un evasor, ya no huía de mi vida viajando a otro país, ahora huía de mi vida meditando. Prefería conectar con seres de otros planos que involucrarme y resolver los conflictos con las personas con las que convivía en mi día a día.

Definitivamente eso era más sencillo que sentir la envidia que me estaba destruyendo por dentro, que me avergonzaba y me hacía sufrir. En este proceso, que duró más de dos años, descubrí una nueva llave para esta aflicción. Sé dice que cuando pides aprender de una virtud, la vida te dará la gran oportunidad de mandarte situaciones con su opuesto. Y aquí estaba de nuevo lista para un nuevo aprendizaje que parecía que nunca terminaría.

Lo que sucede con esta aflicción tan poderosa es que empieza a consumirte, te aleja cada vez más de tu verdad, te aleja de tu centro y te olvidas de tu poder. La envidia trae consigo también enojo, desesperación y oculta tu esencia, pero es en estos momentos donde la vida te invita a regresar a ti, es un proceso de ir quitándote capas hasta regresar de nuevo a tu centro. La vida es tan sabia que te está mostrando el camino de regreso a ti, pero lo que hacemos cuando algo se siente incómodo es rechazarlo en automático. Cada aflicción es una gran maestra que te permite regresar de nuevo a tu esencia pura.

En mi mente, después de pasar más de un año envuelta en la envidia, empecé a preguntarme: "¿Cuál es la virtud que requiero desarrollar para transitar esta situación?"

No conocía una virtud en específico, o al menos una que resonara conmigo, me puse a investigar en el budismo si existía una virtud para esta aflicción y encontré una palabra en sánscrito que se volvió parte de mi antídoto durante este proceso. La palabra es Mudita.

Desde ese momento empecé a usarla en mis meditaciones, tenía *post-its* en mi departamento que me ayudaron a recordarla durante mi día. Leía una y otra vez su significado y en silencio, sentada, se volvía mi mantra. Era una forma de hacer que mis neuronas aprendieran una nueva forma de conectarse, enviando impulsos hacia un lugar diferente. Esta virtud poco a poco iba debilitando el mismo patrón de envidia que yo tenía; pero lo más poderoso ocurrió cuando noté que por primera vez en mucho tiempo volví a imaginar y a tener nuevas visiones para mi vida.

Mudita es una palabra en sánscrito que significa "alegría simpática", estar feliz por los logros de los demás. Pero, ¿cómo puedes sentir alegría por los logros de los demás cuando tú mismo no tienes lo que quieres?

Normalmente nuestra forma de pensar es que si la otra persona tiene algo que yo no tengo, entonces yo no puedo tenerlo porque alguien más ya lo tiene. No nos permitimos ver las bendiciones que están en nuestra vida y nuestra energía entonces es de carencia y de escasez.

La narrativa que solemos tener es que, si alguien más está recibiendo más seguidores que yo, entonces yo no voy a recibirlos porque todos se están yendo con la otra persona; o, por ejemplo, si él tiene una empresa que vende suplementos para mujeres, entonces todas las mujeres van a irle a comparar a esa empresa y no a la mía.

Si la otra persona está escribiendo un libro y yo no, nuestra mente piensa que esa oportunidad sólo está disponible para esa persona. Es como si automáticamente viviéramos desde la carencia, no hay para mí porque ya la otra persona lo tiene y por eso yo me adentraré en la frustración, en la ira, en la tristeza y definitivamente en el drama del victimismo.

Si vemos que un amigo consiguió el trabajo que nosotros queríamos, nuestra mente nos lleva a pensar que era el único trabajo y que ahora nosotros no lo podremos tener porque ése era el puesto que queríamos. Y así podemos identificar ejemplos donde entramos en un proceso de carencia de oportunidades porque estamos constantemente viendo hacia afuera y nos nubla completamente, tanto, que no podemos ver lo que está disponible para nosotros.

Cuando entré a estudiar mi carrera busqué un grupo estudiantil que pudiera complementarla y donde me pudiera desarrollar a nivel personal. Al inicio del año siempre hay ferias de todos los grupos estudiantiles que existen en el campus. Recuerdo que todos estaban en el pasillo de Aulas 4 y no tuve que ver muchos cuando me topé con AIESEC. Fue el tercer grupo que vi, pero en cuanto supe que era una organización global y que se dedicaban a generar oportunidades profesionales en el extranjero, no lo pensé dos veces.

En ese momento no tenía planeado irme, todavía me faltaban varios semestres para graduarme y quería acabar mi carrera antes de pensar en salir, sabía que cuando uno sale del país, ya no quiere regresar. Aun así, quería ir encaminándome hacia mi objetivo de viajar, por lo que, durante mi carrera, ayudé dentro de la organización.

En el último semestre empecé a aplicar para encontrar prácticas en el extranjero. Estuve aplicando a varias empresas principalmente Europa y Latinoamérica y con la que veía que más avanzaba el proceso era con una empresa en Colombia. Edmundo, quien estaba en mi generación, también estaba aplicando a la misma empresa y a los dos nos hablaron para entrevista. La entrevista era con SAB-Miller.

A los días le dijeron a Edmundo que había quedado. En ese momento yo estaba pensando que era la única vacante y que ahora me tocaría esperar más para las otras entrevistas. Mis ánimos bajaron, pero muy dentro de mí sabía que mi pasantía era un hecho, sólo que ahora tenía que esperar uno o dos meses más para iniciar el proceso con otra empresa, y en ese momento era mucho tiempo para mí.

No pasó ni una semana cuando me marcaron de SABMiller, me querían también para que empezara lo antes posible en Bogotá. Cuando llegué a Bogotá pude ver la abundancia de vacantes que tenían para practicantes internacionales, ese año éramos más de 20 personas de países como Rusia, Eslovaquia, Perú, México, Brasil y Venezuela, me di cuenta que en mi mente sólo existía la realidad de las pocas oportunidades.

Es importante que empieces a observar tu vida para conectar con la abundancia que existe para todos y que de esta forma puedas transmutar la angustia, el estrés, la frustración y la ira que te genera la envidia. Saber que para todos hay oportunidades te permite alegrarte por el logro de los demás.

¿Qué sucedería si reconocieras que la vida siempre es abundante y que también hay oportunidades disponibles para ti?

Reconozco que me tomó años responder esta pregunta, no podía salir de la narrativa interna que me llevaba a la carencia y que me bloqueaba de ver nuevas posibilidades. La envidia que sentía hacia esta amistad se convirtió en desesperación y después en enojo y culpa por sentirme así. Un día en vez de querer cambiarlo, me senté en silencio y le pregunté a la envidia ¿qué no estoy viendo? ¿qué me quieres enseñar?, te escucho.

Me rendí, ya no estaba tratando de cambiarla, estaba dispuesta a ver y aprender. Mantuve mi práctica de meditación donde le daba el espacio a la envidia, la sentía en mi cuerpo y después llevaba la atención a mi corazón para cultivar la virtud de mudita. Esos meses algo empezó a ocurrir. Mientras me bañaba, mientras cocinaba o caminaba me podía dar cuenta cuando los pensamientos sobre esta amistad entraban. Podía observarlos como cuando uno medita pero durante las actividades diarias. Al observarlos y hacerlos conscientes no podía evitar sonreír, era como si me visitaran y pudiera decirles, ya los vi, está bien. Respiraba para llevar mi atención a mi cuerpo y sentía cómo se disipaban y volvían a llegar más tarde.

Se volvió una práctica de meditación que duraba todo el día. Pronto los pensamientos dejaron de tener fuerza, mi atención dejó de estar ahí y la fuga energética paró. La guerra había terminado.

Cuando pude recuperar mi energía encontré nuevas prácticas que me ayudaron a fortalecer mi ser y mantenerme en mi centro. El proceso fue lento, pero finalmente dejé de ver al exterior, recordé el gran valor que habitaba en mi, sentí de nuevo la abundancia de la vida y volví a conectar con mis sueños, con lo que quería experimentar en mi vida.

Estas prácticas te anclarán en tu poder y te permitirán reconocerte. La primera práctica que te recomiendo es que por las mañanas escribas los regalos que ya tienes en tu vida, desde el aire fresco por las mañanas, tu cama, las personas que están en tu vida, el celular que te permite aprender y conectar con personas que te harán crecer, tus habilidades y hasta tu capacidad de salir adelante. Sólo requieres a verte e ir a tu interior para volver a enamorarte de lo maravillosa que ya es tu vida.

La segunda práctica es escribir tus más grandes deseos, sí, a pesar de tener dudas. Dedícate una hora diaria por semana para escribir lo que realmente quieres experimentar en tu vida, escribe todo lo que se venga a tu mente a pesar de que se escuchen locos o te den pena, al final nadie leerá esa lista de deseos más que tú, así que aprovecha este tiempo para hablarte con honestidad y reconoce lo que en verdad quieres experimentar en esta vida. Llegará un punto donde no te puedes mentir más y uno de esos deseos empezará a ocupar más espacio en tu mente, te impulsará a la acción y empezarás a nutrirlo todos los días. Tu atención vuelve a estar en ti.

Hasta que tú no seas sincero
con lo que realmente quieres seguirás
en una lucha constante con los demás.

Lo que estás haciendo en este proceso es aceptando tus deseos más profundos, esos que se han estado ocultando detrás de la envidia y a los cuales no les habías puesto atención porque tu atención se estaba fugando hacia alguien más. Esas fugas de atención no te estaban permitiendo crear una vida plena para ti. Este proceso te permitirá reconocer finalmente que eso que veías en alguien más también está disponible para ti, sólo que no te habías atrevido a aceptarlo. Cuando aceptas tus deseos te estás responsabilizando por tu vida, te vuelves un ser soberano, reconoces tu poder y tu totalidad.

Una tercera práctica en este proceso y la que más me ayudó es acercarte a la persona que te genera esta sensación de envidia y estar dispuesto a hacerle preguntas, a pedirle su ayuda y, si es posible, que te guíe en el proceso a través de contactos, con un consejo o simplemente con una hora de su tiempo. La intención es que te permitas aprender desde la humildad, desde la mente de principiante, reconociendo que eso también está disponible para ti. Cada vez se sentirá más ligero porque por fin dejaste de pelear y ahora estás moviéndote a una energía de aceptación, de neutralidad y de mayor expansión.

Esto de alguna forma funciona igual que cuando un psicólogo usa la terapia de exposición con una persona que tiene una fobia, esta terapia se centra en cambiar el modo de reaccionar al objeto o la situación que te da miedo. Es una exposición gradual y reiterada a la fuente de la fobia, incluyendo los pensamientos, los sentimientos y las sensaciones que se asocian a ésta. Sólo que aquí te acercas al objeto de tu envida para abrazar y darle espacio a esta aflicción y aprender lo que tenga que enseñarte. Al tener estas 3 prácticas, donde reconoces los regalos que ya tienes, aceptas tus deseos más profundos y pides ayuda a las personas que te generan envidia, con esto estarás cultivando mudita todos los días y como consecuencia volverás a recuperar tu confianza. Verás que eso que tanto te molestaba, te frustraba y generaba tanta fricción en tu vida, ahora se vuelve más ligero. Y sonríes, te ríes de todo el sufrimiento que te estuviste causando, le agradecerás a la envidia porque ahora te sientes libre y tu fuego interno empieza a encenderse de nuevo.

Este fuego arderá tanto que no te quedará de otra más que traer al mundo esos deseos y pronto te darás cuenta que tu atención y tu enfoque están en ti, en tus creaciones y en lo que tienes para entregarle al mundo, entonces tu confianza regresa. Vuelves a conectar con tu valor, con tu autenticidad, con tu esencia y puedes ver el regalo que eres para el mundo. Dejas de ver el siguiente paso de la otra persona., de tener fugas de atención y vuelves a concentrarte en ti y en tu visión única sobre el mundo que quieres crear. Dejas de sufrir y en consecuencia dejas de causar sufrimiento a los demás. Las conexiones neuronales viejas se han debilitado. Finalmente, te liberas de la envidia, sueltas las cadenas que te tenían atado a esta persona y en ese momento los dos se liberan para seguir su camino en la vida.

La envidia te va a confrontar
con tus deseos más ocultos, con tus más grandes miedos
y con tus inseguridades.

La envidia cuando se transmuta se convierte en total agradecimiento hacia esta persona que activó en ti esta aflicción, agradeces por mostrarte el camino que no te atrevías a ver, le agradeces por ser tu expansor, por mostrarte los sueños y deseos que estabas queriendo ocultar en tu vida. Finalmente te alegras por sus logros. Tu trabajo de ahora en adelante es cultivar tu confianza y tomar acción intencional hacia tus metas. Es aquí cuando te sientas a crear, a escribir, cuando por fin prendes esa cámara, cuando preparas la conferencia, cuando le hablas a esa persona o cuando te mudas finalmente de ciudad. Es en la acción intencional que viene desde el ser donde empiezas a adquirir mayor seguridad, cuando empiezas a sentir que avanzas y en consecuencia creas *momentum*.

El empezar a hacer estos pequeños movimientos que te acercan cada día más a un sueño se traducen en compromiso. Esta palabra, como la palabra disciplina, puede llegar a tener una carga pesada para muchos. Si es tu caso, ayuda que la redefinas siendo muy curioso. Este tema era bastante complicado para mí porque la palabra me llevaba a sentir que automáticamente ya no era libre. Cuando lo imaginaba, la palabra era igual a sentir que estaba encadenada y en ese sentimiento jamás podría encarnar la palabra en mi cuerpo y usarla a mi favor. Al menos si quería lograr cosas aún más expansivas para mi vida.

Lo que más te ayudará a ir debilitando la carga de esta palabra es hacerte preguntas para que tu cuerpo pueda crear una nueva definición. Permítete ver evidencia de lo que has creado cuando te comprometiste con algo, haz una lista de cosas que has logrado en los últimos años y reconoce el nivel de compromiso que tuviste para llegar ahí.

Unas preguntas que podrías usar para ver nuevas formas de comprometerte con la vida son: ¿Con qué o con quién requiero comprometerme para avanzar hacia mis metas? ¿Qué sucedería en mi vida si me comprometo con mi meta? ¿Qué significa "comprometerse" para mí? ¿Con qué me he comprometido en los últimos dos años?

Cuando empecé a explorar todas estas preguntas, la vida empezó a mandarme diferentes situaciones para dejar ir la pesadez de la palabra. Recuerdo que la primera vez que firmamos una sociedad con mis socios fue de forma digital porque el gobierno tenía la opción de crearla de esa manera, y a pesar de que estaba firmando una sociedad no se sintió pesado porque todo fue en línea, pero cuando empezamos a facturar más de lo que esa sociedad nos permitía, tuvimos que crear una empresa donde involucramos abogados y la firma fue en contratos de papel. Para ese momento ya llevaba trabajando con mis socios más de un año y medio, y fue mucho más ligero el proceso, es como si la vida me estuviera dando a probar en dosis pequeñas lo que era el compromiso y mi cuerpo no lo sentía amenazante.

Algo que empezó a cambiar mi manera de comprometerme con cosas más grandes es que noté cómo más oportunidades y más bendiciones llegaban a mi vida. Mi cuerpo empezó a reconocer el compromiso como una llave hacia sueños más grandes y esto me hizo reflexionar aún más en los compromisos que había tenido en mi vida anteriormente y a dónde me habían llevado.

En este proceso descubrí que mi compromiso se veía diferente a los compromisos que hacían otras personas y por eso había estado tan confundida con esta palabra. Un compromiso no es sólo formar una familia, vivir solo en una ciudad, comprar una casa o conseguir un buen puesto laboral, hay muchas formas de comprometerse y al final tú eliges y defines los tipos de compromisos que se requieren para cumplir tus sueños. El entender esto liberó una carga en mi cuerpo y empecé a ver el compromiso como una gran llave para mi libertad, un poder oculto que había en mí. Me di cuenta que todo este tiempo había sido una persona comprometida con mis sueños, con mi potencial. Todo lo que había querido requirió de mi compromiso como el construir una empresa, crear contenido viral o escribir este primer libro.

Mi compromiso todo el tiempo estuvo ahí. Había estado comprometida conmigo. En ese momento dejé de identificarme como una persona poco comprometida cómo me lo había hecho creer por mucho tiempo y una nueva identidad empezó a emerger, así como un nuevo concepto sobre mí. Soy una persona comprometida con mis sueños, con la vida y con el servicio. Estaba reconociendo que no importaba cómo los demás se comprometieran con su vida, sino cómo lo hacía con la mía y con mis metas. Mientras yo estuviera conectada a mi centro y pudiera reconocer mis deseos podía elegir dónde se requería de mi compromiso.

Cuando tienes claras tus elecciones y estás comprometido con éstas, creas una identidad nueva, te vuelves una persona madura. Para Angela Duckworth, doctora en Psicología y escritora de *Grit: El poder de la pasión y la perseverancia*, la madurez ocurre cuando te comprometes con tu propósito o con una meta final por periodos largos de tiempo. Ocurre cuando sabes a donde quieres llegar en la vida, cuando existe determinación.

En vez de enfocarte en metas pequeñas, las cuales pueden ser sólo una distracción de lo que realmente quieres lograr, ella sugiere tener una meta final definida y de esa manera encontrarás mejores caminos para llegar ahí. Tu cerebro empezará a buscar las formas de lograrlo.

Cuando por fin te eliges y eliges tus sueños, tus deseos y tus metas más grandes, la vida empieza a mostrarte el camino con mentores y maestros. Dejas de estar en competencia con los demás y en consecuencia te mueves por el mundo de forma más ligera. Ya no estás cargando el peso de los demás, ya no estás encadenado, te permites recibir ayuda para cumplir tu meta o tu propósito.

Un mentor o un maestro es una persona que está viendo potencial en ti, esta persona te permite ver cómo alcanzar tus metas y te orienta en el camino hacia el éxito. Sin embargo, hay que recordar que la realización de nuestras metas es totalmente nuestra responsabilidad, es parte de nuestro proceso de madurez y de nuestro proceso interior. Pregúntate en este momento: ¿Con qué me voy a comprometer en los próximos 5 años en mi vida?

Cuando te comprometes con algo por mucho tiempo y tomas acción generas *momentum*, se crea una energía diferente alrededor de tu cuerpo y te conviertes así en un ser magnético. Ya que elijas lo que es más importante para ti y te muevas hacia ello, vas a empezar a encontrar la manera de lograr lo que te propones, en consecuencia, nuevas amistades empiezan a llegar, tus visiones se vuelven más grandes, tu confianza incrementa. Por fin te liberas de la inacción y te mueves a un espacio de expansión, donde te permites ver tu grandeza y el potencial que existe en ti.

Cuando logras que la envidia sea tu gran maestro, lo único que saldrá de ti a partir de esta liberación es alegrarte por los logros de los demás porque te das cuenta que todos estamos en este camino para encontrar nuestro propio David y ese David es una obra de arte que vive en ti.

El David ya estaba en el bloque de mármol antes de que iniciara mi trabajo. Sólo tuve que quitar las capas que le sobraban.

Miguel Ángel

De esa forma la envidia te está llamando a mirar tu interior, a descubrir tu verdadera grandeza. Cuando te permites transformarla en gratitud abres las puertas de la abundancia y de las posibilidades infinitas.

LA ENVIDIA SE TRANSMUTA CUANDO EMPEZAMOS A CONFIAR EN NUESTRO POTENCIAL, CUANDO NOS VEMOS, CUANDO REGRESAMOS A NUESTRO CENTRO.

Sabemos que está ocurriendo cuando nos alegramos sinceramente por los logros de los demás, liberamos tanta energía al dejar de enfocarnos en los demás que eso nos impulsa hacia nuestros propios sueños.

La relación de amistad que me ayudó a aprender sobre esto se convirtió en un gran maestro. Aprendí que cada uno está en su propio camino hacia la realización personal, su influencia me llevó a descubrir la belleza que existe en la autenticidad y en el poder del compromiso.

Abraza la envidia si te visita, obsérvala, está dándote la gran oportunidad de regresar a ti, a tu grandeza, para forjar tu propio camino hacia la plenitud. Es una invitación para descubrir tu esencia pura y tu autenticidad. Es un recordatorio de que cada uno de nosotros tiene un lugar único en el mundo.

Cuando trascendemos la envidia nos liberamos para vivir desde nuestro corazón, así nos comenzamos a amar, a validarnos, podemos compartir nuestra medicina con el mundo, nos volvemos generosos y nuestra verdadera naturaleza emerge.

MEDITACIÓN

Cierra tus ojos y respira profundamente.

Conecta con tu cuerpo en cada inhalación y en cada exhalación.

Libera tus hombros y sonríe ligeramente.

Siente cómo tu cuerpo se relaja con cada respiración. Respira profundo.

Suelta tus hombros.

Observa tu cuerpo y alrededor de éste crea espacio. Siente con cada inhalación como este espacio se hace más grande y exhala. Permítete sentir lo que se presente en este momento y observa tu cuerpo, observa tus emociones. Mantente aquí.

Pon tu atención en tu corazón y respira.

Lleva tus dos manos a tu pecho, pon una mano encima de la otra y conecta con tu corazón.

Observa la calma y la profundidad que se siente al poner tu atención en tu corazón.

Y desde ese espacio imagina que enfrente de ti está la persona que te ha despertado sensaciones de envidia. Te permites verla en su totalidad, con sus heridas, su dolor y su humanidad.

Ahora en tu mente di su nombre y estas palabras: "Que tus logros te lleven a experimentar una existencia plena y feliz. Me alegra verte en este estado de expansión, gracias por tu compromiso y por ser un ejemplo de lo que es posible en esta realidad. Hoy te libero de las cadenas impuestas, te suelto para que te permitas disfrutar aún más de tu vida."

Imagina cómo desde tu cuerpo caen estas cadenas pesadas que te ataban a esta persona. Y te liberas también.

Le agradeces por ser un gran maestro, por mostrarte lo que está disponible para ti.

Siente una nueva ligereza, las cadenas te estaban atando más a ti que a la otra persona. Vive desde esta ligereza tus más grandes sueños.

Para ti, la vida comienza a partir de este momento.

Tus más grandes deseos están esperando a ser experimentados.

Regresa tu atención a tu corazón y respira, irradia tu luz a tu alrededor y eleva tu energía hacia un amor profundo hacia ti y hacia los demás. Tómate tu tiempo y siente. Mantente presente.

Que este amor te conecte con todas las personas en tu vida y entrégate al amor y a la alegría que ya existen en ti.

Inhala profundo y exhala.

Vuelve a inhalar y a exhalar.

Regresa tus manos a tus rodillas.

Y cuando estés listo puedes abrir tus ojos.

11. La ofrenda

Si me lo quedo todo para mí,
¿qué quedará para dar a los demás?

Al año de fundar By the land, contratamos como consultor externo a Luis Hoyos para que nos ayudara con toda la parte financiera. Lo había conocido un par de años atrás porque había formado parte de uno de mis programas de transformación y después fuimos juntos a un retiro con Joe Dispenza. Sabía que nos podía ayudar porque llevaba con una de sus empresas más de 10 años y era rentable. En una de nuestras primeras reuniones en vez de irnos a revisar los estados financieros nos hizo una pregunta que no nos esperábamos: "¿Qué es lo que busca cada uno al crear esta empresa?"

Mi respuesta fue: "Quiero conocer a una nueva versión de mí siendo empresaria, conocerme desde una versión diferente y aprender de esta experiencia." Cada uno dio sus razones de fundar By the land y lo que me sorprendió es que todos tenían intenciones diferentes a sólo generar dinero. Y no me malentiendan, claro que teníamos una meta financiera para que el negocio fuera rentable y nuestra meta era facturar un millón de pesos mexicanos al mes en los próximos 5 años. Cuando iniciamos todo lo hacíamos desde la diversión, éramos niños explorando el mundo del emprendimiento y yo me sentía en una película. Nos quedábamos hasta tarde

diseñando el copy, revisando las etiquetas para que COFE-
PRIS pudiera aprobarlas y acomodando el website para salir
lo antes posible.

Yo quería conocerme haciendo algo diferente, manejando una empresa, con una empresa exitosa, liderando un
equipo, manejando más dinero, no le di tantas vueltas, sólo
era curiosidad de cómo se sentía tener una empresa. Unos
meses después de esta conversación la empresa empezó a
despegar, habíamos logrado generar 1 millón de pesos mexicanos en un solo mes, algo que pensamos llegaría en 5 años.
Cuando llegamos a esos números pensamos que habíamos
encontrado la fórmula perfecta, aunque la realidad es que
llegar a esas cantidades mensuales y sostener una empresa
que genera eso requieren de habilidades diferentes y no lo
vimos. Empezamos a tomar decisiones que nos afectaron fi-
nancieramente, como fue contratar a muchas personas para
una tienda de e-commerce que no se requería. Algo que ya
Luis nos había advertido y no quisimos escuchar.

Las conversaciones en By the land ya no eran creativas,
la energía fue cambiando y después de dos años en lo único
que pensábamos era en el dinero que no estábamos admi-
nistrando correctamente, además, ya no estábamos de lleno
en el juego. Las reuniones se sentían pesadas, yo me sentía
cero creativa, mi intención de aprender la había olvidado,
de alguna manera, la avaricia se había colado sin habernos
dado cuenta, queríamos tener un equipo más grande, estar
en todas las tiendas del país, generar cada mes más dinero,
abrir nuestra tienda en línea en Estados Unidos. Realmente
nos creíamos capaces de generar mucho más que eso. No
estábamos viendo lo que sí teníamos, como los clientes que
confiaban en la marca y a los cuales dejamos de ponerles

atención, también dejamos de enfocarnos en mejorar el producto y el enfoque se había ido sólo a vender más que el mes pasado. Le estábamos poniendo una presión adicional a la empresa, era como si estuviéramos obligando a la empresa a valer cada vez más pero desde la avaricia y la soberbia.

En un momento me di cuenta del *loop* en el que me había metido, no podía salir de ese juego, me había atrapado. Naval Ravikant, un gran inversionista de Silicon Valley, dice que los verdaderos ganadores son los que salen del juego completamente, los que ni siquiera practican el juego, los que van más allá de éste. Son las personas que tienen control mental y consciencia de sí mismos. Pueden darse cuenta que ya se han vuelto buenos en el juego y lo han superado.

Yo estaba metida en que la empresa fuera más y más grande y que generara más dinero, a pesar de que estaban llegando clientes todo el tiempo a By the land. Aunque todos en algún momento dijimos que ésa no era nuestra intención, la idea de ganar dinero empezó a estar cada vez más presente y dejó de ser divertido. Estaba en un estado de deseo constante que me estaba haciendo infeliz.

Tardé años en darme cuenta de esto, no sabía que estaba dentro de este juego sin salida y cada vez me atrapaba más. Pasaron dos años para darme cuenta que era momento de salirme de ahí. No necesariamente de By the land, sino del juego en el que había entrado de querer generar más y más dinero con la empresa.

A pesar de que By the land estaba teniendo problemas financieros yo no dejaba de verle potencial. Sabía que si nos enfocábamos podíamos generar más ventas. Todos por fuera sabían que ese juego ya había acabado, pero yo seguía en mi propio laberinto hasta que pude verlo y desapegarme de todas las historias que me estaba contando.

Me costó mucho tomar la decisión, pero como lo he dicho, un día en una reunión con mis socios se los dije: "Quiero vender mis acciones."

Justo después de salirme de la empresa fue cuando pude sentir que mi sistema nervioso se empezaba a relajar, empecé a respirar de nuevo y mi cuerpo se dio cuenta que me había apegado a algo que no existía. El proceso de armonización inició en ese momento para regresar a mí y a lo que es importante.

Cuando estás en un *loop* de sólo estar buscando más poder, más dinero o más éxitos dejas de ver las oportunidades que la vida te está mandando, estás con los brazos cerrados cuidando lo que tienes en ese momento, ¡no vaya a ser que te lo quiten! Cuando estás en esa energía, nada más puede llegar a tu vida, estás bloqueando la energía de recibir porque tu energía está más en la escasez, sin darte cuenta, en tu mente te estás diciendo: "No hay algo mejor que esto y por eso debo de asegurarme de tenerlo." Eso es cansado, vives desde la mente y olvidas completamente por qué habías iniciado.

En este espacio de energía, en esta frecuencia en la que estás viviendo, no puede existir la generosidad, estás atrapado en el juego del Yo, del egoísmo, de la carencia, no es posible ver que en verdad tienes mucho más que dar. Te lleva a un espacio de querer proteger lo que tienes y, al mismo tiempo, te envuelve en un estado de avaricia, que tiene su raíz en la carencia.

La avaricia hace que no tengas una manera de saciarte, ya sea a nivel de consumo, de dinero, de sustancias. El deseo llega a ser infinito y no te das cuenta que la avaricia empieza a colarse en tu vida de formas muy sutiles. Es un apego a lo que puedes ganar en el mundo material y no te permite renunciar a esta posesión, te aferras tanto a ella que no quieres compartir con los demás ni que alguien más tenga lo que deseas.

Recuerdo que fue justo durante todo este proceso de vender mi parte de la empresa que me uní al curso de la rueda de la vida, el curso de budismo que estuve tomando en el centro budista de Ciudad de México. En la última clase, como examen final nos habían pedido contestar 3 preguntas. Teníamos a la mano nuestros apuntes y este ejercicio era para hacer conscientes nuestros propios estados aflictivos y reflexionar sobre ellos.

La rueda de la vida, como te compartí antes, es un símbolo de la visión budista haciendo referencia a la existencia mundana. Es una forma de representar el Samsara y cómo salir de ahí.

Antes de iniciar con el examen habíamos estado meditando y observé cómo la mayor parte de mis pensamientos estaban enfocados en una narrativa bastante negativa. Sabía que mi energía se estaba fugando en historias que no me estaban ayudando y que me arrastraban a un estado de victimismo. Yo estaba bastante incómoda porque lo que más quería era dejar de pensar en ello, llevaba días en mi mente y no lograba desapegarme de esos pensamientos.

Después de terminar la meditación nos pusimos en grupos de 5 personas para hacer el examen en equipo. La primera pregunta fue: "¿Con cuál de los 3 venenos te sientes identificado en este momento?" Los 3 venenos son odio, avaricia e ignorancia y cada uno representa una aflicción que causa sufrimiento y son los responsables de mantener a todos los seres en el Samsara.

Cuando tocó mi turno de reconocer en cuál de todos me encontraba sabía que no había escapatoria, estaban todos atentos para escucharme y me sentía sostenida en este grupo. En ese momento dije: "Todos los anteriores. Mis pensamientos me están llevando al odio, a la avaricia y a la ignorancia en este momento."

Llevaba días con el mismo pensamiento, tanto así que ya estaba presente en mis sueños, no había día que no pensara en lo que perdería si dejaba By the land, me enojaba que no funcionara y en consecuencia sabía que estaba en un estado de ignorancia. Fue muy incómodo verme en esa narrativa y no hacer que parara. Cuando lo pude verbalizar sentí que les había podido dar voz y pude respirar, en ese momento sentí que me rendía ante los 3 venenos que estaban activos en todo mi Ser.

Cuando te resistes a estos venenos, le estás dando tu atención, sigues haciéndolos parte de tu realidad. Cuando por fin renuncias a ellos, le quitas tu atención y puedes enfocarte en algo que sí quieres experimentar. En ese momento inicia la transmutación y el cambio de consciencia.

Decirlo desde la total vulnerabilidad hizo que pudiera estar bien con lo que estaba sintiendo, con el momento presente. Las siguientes preguntas hicieron que el proceso me permitiera rendirme aún más. La pregunta que seguía en el examen fue: "¿Con cuál de los 6 reinos te identificas en este momento?"

Te comparto los 6 reinos para que te puedas hacer la misma pregunta y te permitas evaluar en cuál sientes que estás en este momento. Cada uno de estos reinos tiene un antídoto que es como una llave para salir de este estado.

En el mundo de los dioses

El reino de los dioses encarna un estado mental de felicidad y plenitud, donde se experimenta la tranquilidad y la satisfacción sin que existan obstáculos o dificultades. En este plano, la belleza se encuentra en todo lo que percibimos, nos sumergimos en estados de *flow*, de meditación y de expresión artística. Sin embargo, el antídoto, el escape de este reino proviene del reconocimiento de la impermanencia de esta dicha. Al recordar que estos estados son efímeros, se nos invita a buscar la comprensión más profunda.

En el mundo de los titanes, de luchas de poder y ambición

El mundo de los asuras o titanes refleja un estado mental de competencia y ambición desmedida. Aquí la energía se dirige hacia el exterior en una búsqueda constante de riqueza material y niveles de vida más elevados. La inquietud y los celos dominan aquí, tejiendo un estado de egoísmos donde la superioridad sobre otros es el objetivo. Este reino se manifiesta a nivel colectivo en ámbitos como la política y los negocios. La salida de este reino se encuentra en la sabiduría que destruye la ilusión, permitiendo una visión más allá de las formas.

En el mundo de los hambrientos, de deseo insaciable

El reino de los pretas o hambrientos representa un estado de deseo compulsivo, donde buscamos satisfacción en objetos que, por su naturaleza, no pueden darnos lo que tanto anhelamos. Un ejemplo es el deseo insaciable de comida, que enmascara necesidades emocionales más profundas. Esto también sucede en las relaciones dependientes donde se es incapaz de desarrollar por completo personalidades de forma independiente. La salida de este reino es a través de la presencia consciente para ver claro qué es lo que el objeto que deseamos nos puede dar y qué no.

En el mundo del infierno

El reino de los seres atormentados, el infierno, es un estado de frustración y desequilibrio que puede derivar en sufrimiento mental extremo, incluso en niveles de locura. Puede nacer de la constante frustración de deseos y repentinas muertes de familiares, así como de conflictos mentales persistentes. Similar a la experiencia de enfermedades mentales, este reino nos confronta con agitaciones internas intensas. La salida de este reino es enfocarnos en metas espirituales más elevadas como fuente de liberación.

En el mundo de los animales

En el reino de los animales, el enfoque se centra en la complacencia sensorial, donde las necesidades primordiales de comida, sexo y comodidad material son la principal preocupación. La paz se alcanza tras la satisfacción de estos deseos, pero la agresión puede emerger cuando las necesidades no son satisfechas. La salida de este reino es a través del conocimiento, las artes y las ciencias para elevar el nivel de consciencia y entrar en un proceso de refinamiento.

En el mundo de los humanos

El mundo de los humanos representa un estado de consciencia entre la alegría y el dolor. Es un estado donde no estamos dominados por impulsos extremos ni por una búsqueda obsesiva de placer o logros materiales. Aquí tenemos la capacidad de experimentar la satisfacción y la insatisfacción, y somos conscientes de nuestras propias necesidades y las de los demás. Este reino es visto como un estado valioso, ya que proporciona un escenario ideal para el crecimiento y la búsqueda de un significado más profundo en la vida. La salida de este reino se vive a través del desarrollo espiritual y el desarrollo de las virtudes.

Mi respuesta para esta pregunta la tenía bastante clara, en ese momento todos mis pensamientos venían del reino de los titanes y el de los hambrientos. No soltaba la historia que me mantenía ahí y en consecuencia estaba en un estado de sufrimiento. Quería más y no podía tenerlo, estaba en una competencia que me estaba cansando y no quería soltar el control en varios temas relacionados a mis negocios. Además, todo esto me afectaba emocionalmente.

El Ubicarnos en estos reinos o estados de consciencia nos ayuda a tomar el control de nuestros estados. Se vuelve un mapa para conocernos usando una cosmovisión en específico. Así como existe éste, hay muchos otros que nos pueden ayudar a navegar la consciencia con la intención de evolucionar.

La última pregunta que me permitió acceder a una frecuencia diferente fue: "De acuerdo a los 5 preceptos de la ética, ¿cuáles has estado desarrollando y siendo más consciente en las últimas semanas?"

Me fui a mis notas pues no recordaba todos los preceptos y en la lista estaban los siguientes:

1. Con acciones de amor
   y bondad purifico mi cuerpo.
2. Con generosidad purifico mi cuerpo.
3. Con tranquilidad, sencillez
   y contento purifico mi cuerpo.
4. Con una comunicación veraz
   purifico mi habla.
5. Con una consciencia clara
   y lúcida purifico mi mente.

El pensar en esta pregunta me hizo acordarme de los actos de generosidad que había estado presenciado en mi día y recordé que esas últimas semanas había estado dando mi tiempo y conocimiento a varios amigos para ayudarles en sus negocios. En ese momento de reflexión conecté mucho con la generosidad, los ejemplos que empecé a nombrar me permitían reconocer que de los 5 preceptos estaba desarrollando al menos uno de esos, el de la generosidad. Estar en presencia y ser consciente de esto me ayudó a soltar la historia y generó un alivio que inmediatamente sentí en todo mi cuerpo. En ese momento la generosidad se activó en mí, lo sentí muy dentro de mi Ser. Más allá de los ejemplos que pudiera dar, de cualquier definición o lo que mi mente pudiera entender como generosidad, me sentía en otra dimensión, más allá de todo. Es el querer dar desde un corazón abierto y vulnerable lo que realmente te conecta con la generosidad.

El alivio lo experimenté de inmediato, los pensamientos que me estaban atando a los diferentes reinos empezaron a salir en forma de lágrimas. Sentí una dulce liberación y una sonrisa abarcó toda mi cara. En ese momento sentí que había sacado un 100 en el examen, a pesar de que éste no tenía ningún tipo de puntuación o evaluación.

La salida del Samsara, del drama de la vida
se encuentra en la vida misma,
sería un error no querer vivirla.

By the land ha sido una gran maestra, me sacó lágrimas como nunca pensé y me volvió loca más de una vez. Nunca había sentido tanta confusión en mi vida y toda esta confusión era porque mi ego no quería salirse de ese juego de querer más y más. By the land me dio lo que le pedí desde un inicio, aprender y experimentarme liderando una empresa con todo lo que esto implica. Lo que no sabía es que iba a aprender de la avaricia, cuando pensaba que sólo estaba aprendiendo de negocios.

By the land me ha enseñado tanto, en su momento me dio la confianza que me faltaba para emprender, pero también me regresó a mi centro para que aprendiera a construir una confianza inquebrantable y desde la humildad. El agradecimiento que siento por esta empresa es enorme porque me vio crecer y evolucionar en el mundo de los negocios y me hizo tocar lugares que pensé que no existían en mí.

La avaricia se siente como un gran vacío, un vacío profundo que jamás vas a llenar. La llave para salir de ese cuarto la tienes tú, inicia un proceso de curiosidad, de silencio, pregúntate: "¿Habrá una forma diferente de vivir?" Regresa a tu centro y recuerda que no te puede faltar nada porque en tu naturaleza más pura ya lo tienes todo, lo demás son sólo fenómenos a los que te estás apegando.

Después de salir de la empresa fue más fácil verlo todo y empecé a reconocer la abundancia en la que vivía. Reconocí que hay un sin fin de oportunidades y que estaba apegada a algo que ya no estaba en coherencia conmigo. Esto empezó a despertar algo nuevo en mí, un sentimiento de generosidad.

Vendí mis acciones por una cantidad muy baja y estoy tranquila con esa decisión, estaba perdiendo mi propósito viviendo en un mundo de control, poder y avaricia. No hubiera regresado a mi interior si la avaricia no me hubiera recordado que era momento de ir más profundo en mí.

Después de haber salido de la empresa pasé varios meses sin un rumbo fijo, estaba experimentando un duelo profundo y me encontraba en una transición importante en mi carrera. Un día me puse a escuchar un audiolibro de Kary Cantú, una amiga que conocí en un entrenamiento de ángeles. Su libro es sobre registros akáshicos y tiene diferentes meditaciones. Cuando estaba haciendo una de las meditaciones empecé a recibir información y una voz me repetía la palabra Dar. Empezaron a llegar imágenes de unas manos que estaban extendiéndose enfrente de mí y que salían de mi corazón.

El mensaje era muy claro, dar desde el corazón con los brazos abiertos con la intención de mejorar la vida de otras personas. En ese momento podía ver cómo los brazos eran una extensión del corazón y cómo las manos materializaban aquello que tanto deseamos. Esto me dio la pauta para reconocer la nueva virtud que entraba a mi vida y la cual empezaría a desarrollar poniendo atención a las situaciones y personas que me mandara la vida.

El desarrollo de una virtud es una elección que se hace en cada acto, palabra y pensamiento que se presente en tu día. Está en ti notar esa oportunidad que se nos está dando y elegir sabiamente.

La generosidad es querer dar una parte de ti, entrar en un espacio donde sabes que puedes compartir algo de lo que eres porque sabes que contribuirá al otro. La generosidad es una cualidad que nos impulsa a dar a los demás en total desapego y desde ahí compartir lo que poseemos para el bienestar de los demás.

Surge en el corazón, se extiende por nuestros brazos y se da con las manos. La generosidad implica saber la necesidad del otro y desde un corazón genuino querer ayudarlo, darle lo que requiere sin considerar si esto regresará, porque se entiende que hay una red que nos une a todos y que no podemos ver con nuestros 5 sentidos, pero sí percibirla si nos quedamos en silencio.

En el momento en que te permitas enfocarte en el dar, dejarás de centrarte en tu narrativa del victimismo. Sólo así podrás pensar con mayor amplitud en el dar, el compartir, en la esencia de la generosidad.

Pero, ¿qué es la generosidad? ¿Cómo se siente ser generosa por el simple hecho de dar?

Sin ser conscientes, los seres humanos empezamos a interactuar con el mundo desde la supervivencia. El miedo es la herramienta fundamental de la supervivencia y la herramienta emocional que nos hizo quienes somos hoy. Queremos alimentarlos porque tenemos miedo de morir, queremos relacionarnos con los demás porque nos da miedo estar solos. El miedo es una herramienta y nos ayuda a construirnos en nuestro camino de consciencia.

Cuando vivimos desde este miedo fundamental actuamos en consecuencia desde la carencia, el miedo a no pertenecer, el miedo a no tener o el miedo a no trascender. El miedo se puede convertir en una herramienta cuando lo usamos en nuestro beneficio reconociendo nuestras mayores fortalezas en nuestras debilidades y para eso hay que reconocer qué es mi miedo y buscarlo desde su origen.

En este caso, el miedo detrás de la avaricia —que es la aflicción que se vive en el mundo de los titanes y el de los hambrientos—, es el miedo a no tener. Cuando reconoces que el miedo te protegió y te ayudó a sobrevivir y puedes enseñarle que ahora tienes nuevas herramientas, lo empiezas a reeducar.

Cuando ya no requieras de este miedo, se abrirán nuevas frecuencias a las que tendrás acceso, como la frecuencia de la abundancia. Tu camino de consciencia te lleva a reconocer que el alimento está dentro de ti, es el conocimiento, la sabiduría. Reconoces que la materia es un reflejo de lo divino que vive en ti y desde ese lugar te permites dar. Despierta una virtud nueva, la virtud de la generosidad.

La generosidad para la filosofía budista es una actividad con la que estamos dispuestos a dar todo lo que necesiten los demás. Es decir, estamos dispuestos a dar sin dudar y sin obstáculos, y cuando sea apropiado dar. No significa darlo todo, es importante reconocer la importancia de cuidar de nosotros.

En el budismo se clasifica la generosidad en 4 tipos:
Dar ayuda material.
Dar enseñanzas y consejo.
Proteger contra el miedo.
Dar amor.

Dar ayuda material

Esto no sólo quiere decir dar nuestro dinero, comida, ropa. Lo material va más allá de eso. Podemos dar nuestro tiempo, nuestro trabajo, nuestras habilidades, nuestra energía, nuestro apoyo, de esa manera también estamos siendo generosos.

Dar enseñanzas y consejo

Responder a las preguntas de las personas o darles consejos e información, siempre que podamos hacerlo con responsabilidad y ellos lo pidan. Todo lo que hayas estudiado, leído y tu sabiduría interna puedes ofrecerlo a los demás, mientras beneficie a otra persona.

Proteger contra el miedo

Este tipo de generosidad es ayudar a los demás seres cuando se encuentran en una mala situación. Esto incluye desde salvar animales o mascotas. También es reconfortar a los demás cuando estén asustados, otra forma de dar esta protección es el no aferrarnos con apego a ellos o ignorarlos.

Dar amor

Esto se refiere a desear que los demás sean felices, la definición de amor es el deseo de que otra persona sea feliz y que tenga las herramientas para hacerlo.

Cuando damos con una intención pura, la generosidad se convierte en una fuerza poderosa que asegura nuestra propia prosperidad y felicidad al igual que la de los demás.

Hay algo aún más sutil que compone la generosidad y que pude experimentar en una sesión de *Learning* to fly, un proyecto creado por Moncaya y José Casas. A Moncaya la había escuchado en Spotify, alguien me había pasado su música y la amé desde el primer momento. Su música tiene ritmos folclóricos, con un toque electrónico y es una delicia para los oídos y el corazón. Con José Casas tuve mi primera ceremonia de psilocibina pero esta vez los dos se habían unido para crear *Learning to fly* que consta de una sesión que se realiza con dosis bajas de psilocibina, es decir que se consume en solo 1.5 gramos, y se acompaña de música medicina en vivo. En su doceava edición invitaron a Kike Pinto y a su familia para que formaran parte de esta ceremonia y pudieran compartir en Ciudad de México la cosmovisión andina. La sesión duró aproximadamente 8 horas y el enfoque de toda la noche fue la ofrenda.

Kike es un músico, compositor y cantautor de Lima, quien ha pasado años en las comunidades andinas aprendiendo de los abuelos y de la música. Antes de iniciar con la ceremonia Kike nos pidió que ofrendáramos todo lo que fuéramos a experimentar en la sesión. Después nos explicó cómo hacer nuestra intención usando la cosmovisión de los abuelos aymara, un grupo de indígenas que viven mayormente en el altiplano andino de Perú y Bolivia, quienes sostienen la existencia de 3 mundos: el Akapacha, el Alax Pacha y el Manqha Pacha.

Cada intención abriría dos puertas diferentes. Una puerta abriría el pasado o el espacio de nuestros ancestros o lo que ellos llaman Manqa Pacha, el mundo de abajo donde habita el bien y el mal, y otra puerta la del futuro o Alax Pacha, el mundo de arriba, lo que ellos llaman el mundo celestial, la fuente protectora de la humanidad y en cada una había que crear una intención enfocada en dar y recibir. Nuestras intenciones las hicimos soplando dos hojas de coca para después ponerlas en el despacho que Kike y su esposa estaban armando para los dos mundos.

Un despacho es un rezo y una ofrenda de la tradición andina y está dirigido a la energía de la naturaleza y a las fuerzas espirituales de los 3 mundos. Esto genera lo que en el mundo andino se llama el AYNI (la ley de la reciprocidad cósmica) porque restablece el orden en el universo y para ello se hace la ofrenda a los espíritus, un regalo de reconocimiento y gratitud. Es una manera de devolver lo que la Madre Tierra nos ha dado.

Ésta era mi segunda vez en un despacho, sabía que usaban hojas de coca, pero en esta ocasión comprendí un poco más el porqué. Amaru, el hijo de Kike, nos pasó a cada uno un montoncito de hojas de coca. Cuando las tuvimos enfrente, Kike nos indicó que escogiéramos las hojas de coca más bellas, más lindas para hacer nuestra intención. Recordándonos que, de la misma manera, en la vida siempre hay que escoger lo mejor de todas las posibilidades, de forma tranquila, paciente y con atención.

La intención es el rezo que se le hace a las fuerzas de estos mundos. Kike nos explicó que un rezo comienza agradeciendo por lo que es, después se pide lo que se desea y al final se ofrece lo que se tiene. El rezo había que realizarlo usando nuestra voz mientras soplábamos las hojas de coca, así que en voz baja me quedé rezando para abrir la puerta del pasado. Agradecí por cada momento que me había llevado a estar en ese espacio de contención, pedí por mi familia, por mis clientes y por todas las personas en mi vida y ofrecí mi arrogancia, mis miedos y mis limitaciones. Después volví a hacer lo mismo para abrir la puerta al futuro. Agradecí por ser parte del proceso del despertar de otros seres, pedí por una vida virtuosa y en sabiduría y ofrecí mis ideas, mis proyectos, mis creaciones para el beneficio de todos los seres sintientes.

No sé cuánto tiempo pasó desde que iniciamos el despacho, pero este proceso en el que entré fue tan profundo que con lo que habíamos hecho hasta ese momento era ya un total regalo para mi alma y para mi espíritu.

Cuando iniciamos el despacho, Kike nos explicó que una ofrenda no sólo se trataba de dar objetos, también podíamos ofrendar todo lo que fuéramos a experimentar esa noche. Yo había llevado a la ceremonia fruta, unas maracas que me habían traído de Perú y algunas uvas, pero cuando escuché a Kike me permití también ofrendar mis sufrimientos, mi dicha y las experiencias que recibiría esa noche con la psilocibina. Entonces vi cómo mi dar iba más allá de algo material y sentí cómo la frecuencia de generosidad se empezaba a activar en todo mi cuerpo.

Empezaron a repartir la psilocibina y por un momento todo estuvo en silencio, hasta que la música inició. Escuchaba las maracas a lo lejos, sabía que ese sonido era nuestra guía para que pudiéramos entrar al mundo de los niños santos. Las maracas estaban abriendo el umbral y guiando el viaje en el que íbamos a entrar para conectar con los tres mundos.

Mi cuerpo se empezó a sentir incómodo, sabía que la medicina estaba entrando y cuando me permití seguir la guía de las maracas y de los demás instrumentos de los andes pude finalmente entrar a un nuevo estado de consciencia donde habita la energía de los niños santos.

Sentía cómo Kike iba abriendo el camino para los que todavía estaban batallando entrar y en un momento paró la música, todos nos habíamos subido a la nave. Ahí es cuando supe que el viaje iniciaba.

Yo llevaba varias preguntas y fui recibiendo guía mientras pasaba la sesión. Algo que he aprendido es que estos mundos requieren también de la atención y la presencia, tener una práctica diaria de silencio y contemplación es de mucha ayuda para navegar estados expandidos de consciencia.

He encontrado que para tener mayor atención requiero sentarme en mi postura de meditación, en forma de flor de loto, con mi espalda erguida y mis manos abiertas en mis rodillas. Cuando me senté así para iniciar el viaje sentí que, con hilos muy delgados, me estaban acomodando mi postura, me estaban alineando correctamente y cuando terminé de hacer micro movimientos en mis hombros, en mis brazos y con mi cabeza, sentí cómo mi coronilla se había conectado a la energía del cosmos. En ese momento los pensamientos se detuvieron y sólo estaba en observación, la música me mantenía ahí. Me encontraba en un estado meditativo profundo y lo único que hice fue encapsular esa dicha que estaba experimentando.

Esa era mi ofrenda a los tres mundos. La dicha que sentía es lo que venía a ofrendar.

Éste era mi acto de generosidad a Manha Pacha, para mi pasado, para las fuerzas del bien, para mis ancestros y para los espíritus del bien y el mal, y al mismo tiempo era el acto de generosidad para mi futuro, para las deidades.

Sin saber cuánto había pasado, sentí cómo esta conexión que sentía en mi coronilla iba debilitándose y una voz me decía: "Ahora acuéstate." Y en ese momento sentí una necesidad de llevar a mi cuerpo a recostarse en mi mat de yoga. Hay dos posiciones clave durante un viaje, una es sentado en postura de meditación, esta es una postura con una energía más masculina; la otra es acostado, se asocia a una energía más femenina, una energía de recibir. Cuando me llegó la indicación de permitirme sentir me acosté con las palmas hacia arriba en postura de savasana. Esta savasana es una postura en yoga que te prepara para la muerte del ego, del deseo y del apego. La intención es no hacer nada, tanto en el cuerpo como en la mente.

La sesión continuó unas horas más, la música medicina la escuchaba de fondo, Kike Pinto nos llevaba a otros mundos con su voz y su familia lo acompañaba tocando diferentes instrumentos de los andes y yo me movía entre tres posturas claves, en postura de meditación, en savasana y en rodillas con mi frente en el piso. Esta última postura es una forma que usa mi cuerpo para reconocer su pequeñez en este mundo desde la humildad, donde le permito soltar ideas, creencias o contratos que no me están permitiendo avanzar y reconozco la divinidad en todo.

Sabía que era momento de regresar a tierra cuando Moncaya prendió las primeras veladoras que estaban en el altar, la había visto hacer eso tantas veces que sabía que de alguna forma había que regresar. En ese momento empecé a llevar mi atención a mi primer centro energético, para empezar a anclar en la tierra, por fin estaba de vuelta. Comenzaron a cerrar el círculo compartiendo lo que nos llevábamos de la ceremonia.

En ese momento compartí que lo que me llevaba de la sesión era la dicha y la presencia. Sabía que era un gran regalo estar al servicio de la presencia, estaba feliz de que ese fuera mi trabajo en este mundo. Reconocí que éstos eran los actos de generosidad más importantes que podía dar a los demás, mi presencia y estar al servicio de los demás.

Cuando terminaron todos de compartir, Kike y su familia fueron a ofrecer los despachos al fuego que estaba afuera. El despacho llevaba todas nuestras intenciones y era momento de darle las gracias a la Madre Tierra por los favores recibidos.

Por mucho tiempo sobreviví queriendo tomar todo lo que estaba disponible enfrente de mí, sin ser consciente de ello. Si había una oportunidad la tomaba con todas mis fuerzas y no quería que nadie más la viera, porque seguro me la iban a quitar. Lo mismo ocurría con la comida, con nuevos cursos o certificaciones que tomaba, todo lo que hacia era acumular conocimiento y no lo compartía.

No nos damos cuenta, pero la mayor parte del tiempo vivimos desde una mentalidad de escasez, no sólo en cuestión de dinero, sino en todo en nuestra vida, y lo más complicado es que no podemos darnos cuenta que estamos metidos en ese tipo de mentalidad, simplemente nos dejamos arrastrar por ella.

Joe Dispenza explica la abundancia como nuestra capacidad de ver las oportunidades en nuestra vida. Esta capacidad se logra cuando empezamos a cambiar nuestra consciencia, nuestro nivel de vibración.

Cuando estamos en una mentalidad de escasez significa que nuestra mente alcanza a ver una y sólo una oportunidad disponible para alcanzar nuestras metas, no tiene ojos para desarrollarnos como personas o para resolver un problema, simplemente se cierra. Esto en consecuencia te lleva a cuidar lo que tienes, te ancla en el miedo, el miedo de perder el dinero que tenemos, nuestro trabajo porque no hay nada mejor allá afuera, nuestras relaciones, el miedo a no encontrar otra idea de negocio, etcétera.

Una de las cosas que más me daba miedo compartir era la información que leía o que algún mentor compartía. Mi mentalidad era: "Si comparto esta información ya no tendré el beneficio de ser la única en hacer eso." Lo mismo pasa con las ideas de negocio o con estrategias de inversión. Como ves, la energía de escasez domina la mayor parte de nuestras vidas.

Cuando te anclas en esa realidad automáticamente vives en un mundo donde no hay suficiente, en un mundo finito, donde sólo existe una oportunidad para experimentar tu vida. En ese momento no puedes ver nada, el apego cierra tu visión, te aferra a objetos que desde tu perspectiva son los únicos que están disponibles.

La generosidad es una virtud que nos lleva a vivir en el desapego, activando nuestros niveles de confianza en la vida y llevándonos a un nivel de consciencia donde podemos ver las infinitas oportunidades que existen para realizarnos como personas. La generosidad surge de un corazón abierto.

No hay una sola forma de hacer las cosas, existen muchas, y al querer que algo pase de cierta manera ya estamos entrando a una mentalidad de escasez. El apego a las cosas entra en nuestra vida desde que somos muy pequeños, alguien más tiene lo que yo quiero y ese objeto se vuelve el único en el mundo, esto da como resultado entrar en un diálogo de escasez. Si alguien más lo tiene, eso significa que yo no lo tendré. Esto se vuelve un patrón en nuestra vida y cuando nosotros tenemos algo, como forma de supervivencia, no queremos que nadie más lo tenga porque eso significa que entonces no podemos tenerlo.

¿Cómo empezar a sentirnos cómodos dando sin pensar que moriremos?

La generosidad es una práctica que podemos ejercer todos los días, dando algo que sentimos valioso para nosotros incluyendo nuestro conocimiento y nuestro tiempo. Siempre habrá algo que puedas compartir con los demás, incluso tu presencia.

Con la práctica verás cómo la vida empezará a ser aún más generosa contigo, siempre lo ha sido, pero ahora tendrás la capacidad de verlo. Se vuelve simplemente un reflejo.

La generosidad será una puerta a la abundancia infinita de la vida. Este libro me lo demostró una y otra vez. Este libro no hubiera sucedido sin la generosidad de muchas personas en mi vida, desde recomendaciones de cómo empezar a escribirlo, cómo estructurarlo, hasta contactos con editoriales y abogados. La vida me estaba enseñando lo generosa que era conmigo y ahora podía presenciarlo.

La generosidad es un movimiento del corazón que quiere compartir lo que tenemos y ayudar a los demás. Nos desbordamos por dar. Ese espíritu es la abundancia natural que quiere dar, compartir y ayudar a otros. Es la mayor ofrenda y es cómo se crea el orden cósmico. Al activar la frecuencia de la generosidad contribuirás a mantener el equilibrio y la armonía en la sociedad, dejas de vivir en competencia y en el individualismo que se experimentan normalmente en los negocios y en la sociedad en la que vivimos. La intención de vivir en este estado es activar la colaboración y el crecimiento colectivo en lugar de la acumulación individual.

¿Cómo sería tu vida si te permitieras compartir tus recursos y tus conocimientos de forma abierta? ¿Cómo sería tu vida si te relacionaras con los demás desde la generosidad?

Esta meditación te permitirá conectar con la energía de la generosidad y activar en ti una nueva frecuencia desde la cual podrás vivir más ligero y sin apegos.

MEDITACIÓN

Cierra los ojos y respira profundo.

Inhala lento por la nariz y exhala lento por la boca.

Lleva tu atención a las sensaciones de tu cuerpo y todo lo que sientas al respirar. Con cada exhalación ve liberando la tensión de tu cuerpo.

Respira lento y conecta cada vez más con tu cuerpo. Lleva tu atención a la situación u objeto que te mantiene en un estado de carencia.

Estando en silencio te permites ver todo eso que no necesitas en tu vida y que te está atando a una ilusión en sufrimiento. Una ilusión que puedes dejar en este momento.

Siente cómo sale el peso de tus brazos, de tu espalda, cómo empieza a salir con cada exhalación. Todo tu cuerpo se limpia del deseo compulsivo, de los objetos y situaciones que por naturaleza no pueden darte lo que tanto anhelas, se limpia de la avaricia y de la competencia. En esta purificación encuentras una luz dorada pequeña que sigue encendida en tu corazón.

Te das cuenta que dentro de ti ya está el alimento que más buscas, tu sabiduría interior, y que nada afuera lo tiene. En este momento sueltas los objetos y las formas externas. Todo lo que no necesitas se va.

Recuerdas que todas las formas externas son hermosas pero el verdadero regalo es tu conexión interior.

La luz dorada en tu corazón se enciende más y más grande. Esta luz representa la energía de la generosidad que está en tu Ser y despierta cada vez más en el proceso de tu purificación.

Con cada inhalación siente cómo esta luz se expande, se llena de amor y compasión. Envuelve a todas las personas, situaciones y objetos con esta luz de generosidad que une a la red de la humanidad.

Imagina que enfrente de ti se presenta este miedo a no tener lo suficiente y conversa con él. Lo ves a los ojos y con todo tu amor le dices en voz baja que ahora tienes herramientas para seguir tu vida desde un espacio de mayor virtud. Reconoce su labor y todo lo que te ha permitido experimentar en este mundo y hazle saber tus nuevas herramientas para atravesar ese miedo, cuéntale sobre la abundancia que sientes, sobre la presencia, sobre tu sabiduría interior y tu realización, pues todo esto ya está en ti.

Mantente en silencio en esta conversación.

Siente cómo tu cuerpo se aligera, se expande y se calma.

Ahora piensa en alguien que requiera de tu apoyo, tiempo, atención o recursos en este momento e imagina cómo ofreces algo de ti para ayudarle. Lleva a cabo ese acto de generosidad en tu mente y en tu corazón y siente cómo tu corazón se abre cada vez más.

La luz dorada en tu corazón se hace grande y empieza a abarcar todo tu cuerpo.

Visualiza cómo tus acciones afectan positivamente a esa persona y cómo las ondas de generosidad se expanden a través de la red de la humanidad.

Con cada acto de generosidad que realices estás arrojando una piedra en un lago tranquilo, las ondas de tu generosidad se extienden más allá de lo que puedes ver, tocando a otros en formas inesperadas.

Tu interacción con la vida se transforma.

Tu cuerpo ahora reconoce una nueva energía en él, la generosidad se ha despertado en ti. Lleva esta virtud a tu vida y a la de los demás seres. Genera olas de generosidad en la consciencia.

Gradualmente, lleva tu atención de regreso a tu respiración.

Inhala y exhala.

Respira profundo.

Ahora regresa a tu cuerpo. Cuando estés listo, abre los ojos.

12. ¿Por qué causa moriría?

El ignorante trabaja para su propio beneficio,
el sabio trabaja para el bien común del mundo.

Se dice que el camino del despertar se vive en soledad, requieres ir hacia adentro para recordar quién eres realmente y a partir de ahí regresas al mundo con una nueva visión y viviendo desde tu centro, desde un propósito mayor. Por algo también este proceso se le conoce como "la noche oscura del alma". Un proceso que te está pidiendo tu alma para regresar a ti y conectar de nuevo con la luz, con tu punto cero.

Estos periodos de soledad requieren su tiempo y son un regalo hermoso en tu proceso para reconocerte más allá del ambiente en el que has crecido o del que te rodeas. Los primeros años los enfoqué tanto en mí que olvidé nutrir mis relaciones hasta llegar a un punto donde no sentía que tuviera un grupo de amigos que me sostuviera o con quiénes compartir mi camino.

Siempre he sido alguien bastante independiente desde muy corta edad, sólo que esto se empezó a ir a un extremo que me llevó a experimentar una desconexión con el mundo y las personas que me rodeaban. Mi enfoque empezó a estar en conseguir mis metas, tener la mejor empresa, conseguir todos mis sueños y trabajar en mi crecimiento personal, pero en el camino me olvidé de cultivar mis lazos con aquellos que me rodean y dejé de colaborar con mis semejantes.

Llegó un momento donde la única conversación que tenía estaba dirigida desde el egoísmo y, en consecuencia, entré en un pozo que me llevaba a estar cada vez más alejada de los demás. Podía observar que no me sentía cómoda alrededor de los demás, realmente no me sentía segura de ser totalmente yo, con mis fallas, con mi sombra, con mi luz.

El egoísmo es la preferencia por uno mismo. Nos envolvemos en nuestras propias historias y nos consumimos en ellas. Se vuelve una forma más de protección para seguir sobreviviendo.

Esta narrativa te lleva a hacerte más y más "bolita", hasta que tus pensamientos te envuelven completamente en creer que estás solo en este universo y que nadie puede entenderte, tu conversación pasa a ser más de una víctima, pero no te das cuenta. Inclusive se vuelve un mecanismo de defensa donde, a nivel subconsciente, crees que es mejor vivir alejado que estar en conexión.

Conectar con los demás es una verdadera tarea porque, para tener una verdadera relación, hay que mostrarnos vulnerables ante los demás, y para nuestro ego eso sólo significa darnos por vencidos y morir. Al ser vulnerables abrimos las puertas al rechazo, a no ser aceptados y a no pertenecer, un temor que experimentamos todos los humanos, aunque algunos lo nieguen.

Conectar con otra persona va más allá de tener una conversación, es permitirte ser vista en tu totalidad. Estás permitiendo que una amistad, tu pareja o tu socio pueda verte en tu sombra y tu luz, todo lo que eres.

La verdadera conexión requiere que bajes tus barreras, requiere que mueras en el proceso, una verdadera conexión requiere que dejes de usar máscaras y puedas también recibir a la otra persona en su totalidad. En esta sociedad se ha vuelto más fácil vivir atrapados en nuestra propia soledad. Esto deja de volverse parte del proceso del despertar y ahora es un tema para atender. No sabemos cómo relacionarlos y en consecuencia no podemos escuchar nuestros límites o lo que los demás necesitan.

Un día llegué a terapia devastada porque desde mi narrativa interna no tenía amistades y las pocas que iba creando no sabía cómo nutrirlas y conservarlas. Al inicio esto no era un problema, pero mientras fueron pasando los años se volvió un tema para atender cuando me di cuenta que no podía sostener ni una sola relación de amistad. Esto lo sentí aún más fuerte cuando llegué al millón de seguidores en Tik-Tok, ahí se detonó aún más el sentimiento de separación y de desconexión con los demás. Estaba observando la dinámica que ocurría en mi vida en ese momento y reconocí la desconexión que habitaba también en mí.

¿Cómo puedo crear conexiones con otras personas en este mundo? Estaba lista para experimentar algo nuevo en mi vida y explorar el mundo creando conexiones desde la consciencia.

Se escuchaba muy sencillo de hacer, mi terapeuta me recomendó hablar más con mis amistades actuales, empezar a salir y nutrir mis relaciones, pero lo que descubrí es que esto requería de algo más que había estado evitando la mayor parte de mi vida. Intimidad y vulnerabilidad. Abrirle el corazón a una persona.

El estar observando este proceso cada semana con mi terapeuta me permitió ver el poder que habitaba en mí para responsabilizarme respecto al tema. Tardé un par de años en este proceso hasta llegar a sentirme cómoda siendo vulnerable con otra persona, ir más allá del miedo de que los demás se enteraran de quién era en realidad. Aquí inició un nuevo proceso que me llevó a descubrir una nueva forma de relacionarme con este mundo. Se volvió la puerta a una frecuencia diferente, el servicio.

Cuando estaba en el centro budista en Tailandia recuerdo haberle dicho a mi maestro que quería quedarme por mucho tiempo. Ahí me sentía tranquila, era sólo yo lidiando con mi propia sombra, ya me estaba acostumbrando a estar en silencio y en soledad, era cómodo y nadie más podía acercarse tanto para realmente conocerme. Mi maestro, en completa calma, me respondió: "Éste no es tu lugar, tu evolución continúa allá afuera, relacionándote con los demás."

Es la respuesta que menos quería escuchar. Salí sin entender la profundidad de sus palabras, dejé el centro pensando que igual tenía una misión de compartir con los demás, claramente venía desde el ego, pero pronto me daría cuenta que sería al revés, a través de los demás es como iba a aprender, los demás me enseñarían y eso se convertiría en mi proceso de evolución, el proceso más profundo de todos.

Cuando vivimos desde el egoísmo, sin que nos importe cómo se sienten los demás, cuando vivimos en una burbuja para no sentir y no conectar con los demás, es cuando estamos más encarcelados por nuestros propios mecanismos de defensa. Estamos evitando sentir, no conectamos con otros por miedo a que se den cuenta de algo que no sabemos bien qué es.

Nuestro corazón no está disponible y en consecuencia no puedo escuchar las necesidades, las emociones y lo que requieren los demás. El dar, el apoyar y ser considerado con los demás se limita y, en consecuencia, el estar al servicio de los demás no es ni una posibilidad dentro de este estado de consciencia.

La conexión es el verdadero antídoto contra el sufrimiento

Un día recibí un mensaje de José Casas, invitándome a ser asistente en Learning to fly.

Era la primera vez que iba a estar asistiendo en una ceremonia, estaba emocionada porque ahora estaría del otro lado, cuando llegué el lugar era una casona vieja, espectacular en la Colonia Juárez en Ciudad de México. Era como si estuviera diseñada para hacer este tipo de sesiones. Salones grandes, techos altos, pasillos largos y con una sensación de antigüedad.

Yo llevaba veladoras y flores para el altar. Mi primera tarea era crear el altar, yo había visto cómo se hacía uno cuando Paola los ponía en el entrenamiento, pero ahí tuve que ponerme creativa de cómo hacer uno con las pocas flores que tenía. Después acomodé las veladoras por todo el pasillo que llevaba al baño para que pudiéramos apagar todos los focos y aún así hubiera luz para los participantes.

Logré hacerlo sintiéndome feliz con mi primera tarea y de ahí me fui a sentar y me puse en un lugar donde pudiera estar al pendiente de los participantes. José Casas me dio una guía rápida de lo que tenía que hacer, realmente se veía muy sencillo, estar presente, al pendiente de si alguien necesitaba agua, ir al baño y acompañarlos si se sentían mal.

Se dice que cuando estamos en estados expandidos de consciencia, el peligro no radica tanto en la sustancia que ingieres, es más por algún accidente que pueda pasar cuando te paras y no te puedas sostener.

Así que era importante que sin importar cómo se viera el participante, era necesario que alguien lo acompañara en todo momento.

Al ser ésta una casona, tenía salones enormes y para llegar al baño era un largo recorrido. Era como estar en una película, todo tenía la energía ideal para que ese lugar fuera un espacio de sanación y de mucho misticismo.

Yo estaba feliz, iba a dar lo mejor de mí sin importar la actividad que fuera, estaba ahí al servicio de los demás, algo nuevo para mí. Lo que más quería era disfrutar cada momento. Empezó la sesión y cada uno compartió su intención.

Cuando tocó mi turno compartí que mi intención era estar presente y ponerme al servicio de todos los que iban a explorar su interior y la consciencia en esa ceremonia. La sesión duró alrededor de 5 horas, cuando cerramos la sesión cada uno compartió la gran experiencia que tuvo y cuando me tocó a mí no tenía palabras.

Por primera vez en mi vida había sentido en todo mi cuerpo lo que era el servicio. En voz calmada dije "gracias por permitirme acompañarlos en este proceso, ahora sé lo que es estar al servicio". En ese momento había conectado con la fuerza vital, con la creación, algo nuevo se estaba activando en mí.

El servicio nos libera a una vida más plena, a una vida de mayor creación, de abundancia y de unión, pero esto no lo sabemos porque vivimos pensando en cómo obtener y sobrevivir. Pensamos más en nuestros problemas y cómo salir de ellos, cómo hacer más sin importar a quién nos llevemos en el camino o sin pensar en cómo está la otra persona. Caemos en una narrativa de individualismo, de victimismo y nos alejamos de nuestra verdadera esencia, olvidamos que todos estamos conectados y que en cada acción se mueven olas enteras de energía que van impactando más allá de lo que podamos percibir.

Cuando estuve en Tailandia, en el 2018, observé cómo vivían los monjes en el centro budista, lo fundamental en su vida diaria era el servicio. Esto lo hacían con sus acciones, con sus palabras, con todos los Seres y es algo que irradiaban en todo momento. Al estar presenciándolo tan cerca me permitió ver el servicio en su forma más pura.

Todos los días a las 5 de la mañana nuestro maestro estaba en el salón donde nos compartía las enseñanzas del budismo por una hora, su devoción por compartirnos su sabiduría se notaba al sentir una luz radiante que salía de cada palabra. De la misma forma las personas que cocinaban para nosotros todos los días estaban también entregadas al servicio. No comprendía de dónde venía esta entrega, a pesar de presenciarla esa primera vez en un retiro de silencio no podía reconocerla todavía en mí. Mi narrativa constante era que eso era sólo para algunos, como los monjes budistas.

Una narrativa que sostuve por mucho tiempo en mi vida era que el servir era igual a ser débil, alguien tenía que servir al otro desde la obligación, estar por debajo de los demás y sin ser valorada. Cuando escuchaba esa palabra todo mi cuerpo se contraía, es algo que no quería para mi vida. Sé que esto venía de ver la dinámica en mi casa, donde mi mamá atendía a sus cuatro hijos, a mi papá y aparte trabajaba atendiendo a miles de pacientes enfermos que llegaban a hacerse análisis de sangre. La historia que me conté en su momento me hizo rechazar no sólo este acto de asistir y apoyar a los demás, sino que también rechacé la fuerza vital que existía en mí.

Yo veía que eso era un desgaste y desde muy pequeña decidí que eso no es algo que quería para mi vida. Era mucho trabajo para una sola persona y evité todo lo relacionado con ayudar, asistir o todo lo que se relacionara con el servicio. Mi vida se volvió una protesta silenciosa y que en el largo plazo afectó varias áreas de mi vida. Todos ayudaban en la casa menos yo, todos ayudaban en la cena de navidad menos yo y eso empezó a afectar mis amistades, mis relaciones de pareja y la relación con mis socios. Pensaba que al no conectar con lo que los demás requerían, no iba a sufrir. Qué equivocada estaba.

La mayoría vivimos desde este lugar donde nuestra supervivencia y preservación es lo más importante. Nos volvemos seres hipervigilantes de lo que tenemos en este mundo regido por la forma y la materia. En consecuencia, nuestra energía y conexión con la fuente va disminuyendo y más queremos tomar de los otros. Nuestro actuar es de contracción, de escasez y de limitación.

Cuando vivimos desde este lugar queremos tomar control de otros, vivimos en un estado de separación y nos alimentamos de otros para continuar con nuestra existencia. Tomamos la energía que requerimos de los demás y no de la conexión natural que emerge de nosotros al conectarnos con lo divino.

La entrega de mi mamá y los actos que veía en su día a día estaban llenos de pasión por su trabajo, de amor por sus hijos y por mi padre, y de esa forma su vida florecía a través del servicio, se llenaba de energía que recibía directo de la consciencia.

En la madre se despierta un poder sobrenatural, donde el no desear ver el sufrimiento de sus hijos la lleva a despertar el mayor servicio de todos. Todavía no soy madre, pero dicen que no puedes comprender esa entrega y ese servicio hasta que lo seas, lo que sí puedo decirte es que esa noche que estuve de asistente en *Learning to fly* se despertó algo nuevo en mí. Había una entrega cómo nunca la había sentido, había conectado desde el corazón con cada persona que estaba presente. Recuerdo que cuando llegué a la sesión tenía muy claro mi objetivo, mi emoción venía porque por fin practicaría las herramientas que había aprendido en Camino Medicina, sabría más que los demás y estaba cumpliendo otro objetivo de la lista. No sabía que ese día iba a despertar en mí una de las virtudes más sagradas. El servicio hacia los demás.

Dentro de mi sentí un llamado de acompañar a otros en este proceso del despertar, en ese momento iniciaba un nuevo camino enfocado en el amor, la entrega y en vivir en congruencia.

¿Cómo era posible que hubiera tenido los mejores trabajos, en las mejores empresas, donde me pagaban bastante bien? y no fue hasta que estuve presente para los demás, atenta a lo que necesitaran, inclusive si eso era que los acompañara al baño, donde pude realmente entregarme y servir desde lo más profundo de mi Ser.

No estaba pensando si lo hacía bien, si alguien me iba a calificar, no estaba pensando en cómo esto me iba a permitir después crecer en mi carrera profesional o si después esta persona me iba a recomendar. Ninguno de estos pensamientos existía. Simplemente estaba entregándome a la tarea.

Me sentía plena, mi corazón estaba abierto y era una felicidad que llenaba todo mi Ser. Jamás había sentido algo así. Desde ese momento empecé a ver mi vida muy diferente, mis acciones, mis empresas y hasta lo que compartía en redes sociales empecé a realizarlo desde un estado de gratitud, de placer y de servicio. Hay algo que también noté, las nuevas personas que llegaban a mi vida, su forma de hablar, su misión, sus empresas todo reflejaba esta gran virtud detrás. A partir de todo este proceso comencé a hacerme preguntas que me permitieran recordar esta virtud en mi vida: "¿Cómo puedo agregar valor al planeta? ¿Cómo puedo servir un poco más hoy?"

En uno de los textos del Bhagavad Gita, el cuál es un texto antiguo de la India donde contemplan al mundo como una especie de escuela, describen que estamos obligados a servir y sólo sirviendo seremos felices. El servicio es la esencia de la consciencia humana.

Para mí, el servicio es la forma más pura de celebrar la divinidad en todo, todo en esta realidad surge de lo divino, de la consciencia. Al ser conscientes de esto no podemos ignorarlo y el llamado a estar en el servicio despierta en nosotros. El acto más grande hacia los demás es reconocer al otro en su totalidad. Es asistir a otros en su proceso de despertar.

Si no ayudas a los otros Seres a salir de la ilusión
es porque tú estás en ella.

Hay una película de Wayne Dyer que se llama *The Shift*, la vi hace mucho tiempo, pero recientemente me la recomendaron en una sesión de coaching. Me sorprendió mucho cómo me llegó la información en esta ocasión. Todas las preguntas que había tenido respecto al servicio se iban respondiendo durante el documental y podía poner en palabras el nuevo cambio de percepción que estaba recibiendo.

Esta película te muestra a través de diferentes personajes la vida que se vive en el amanecer, es decir, la primera etapa de tu vida; y la que se vive en el atardecer, la segunda etapa de tu vida. Trata de este viaje hacia nuestro Yo interior, ese cambio en el que se modifican los valores, buscamos un propósito que dé sentido a nuestra existencia y aporte una contribución única y personal al mundo.

La película te muestra cómo los mensajes que recibimos y vivimos en la primera etapa de nuestra vida son sobre lo que sabes, sobre cómo te define la sociedad, a qué te dedicas, tu éxito profesional o lo inteligente que eres, pero en la segunda etapa de tu vida, es decir, en el atardecer, cuando se hace un gran cambio en nuestra vida se trata más de estar en sintonía con una energía que se ocupa de todo y de la que todos estamos hechos. Estar en conexión con lo fuerza vital, con lo divino.

Cuando estamos en sintonía con esta energía somos canales más abiertos, transmitimos esta energía en el mundo y nos movemos acompañados de fuerzas más grandes. Este tipo de cambios nos permite ver al otro como parte de nosotros, reconocemos la unidad y no podemos evitar ponernos al servicio.

En una parte de la película, Wayne Dyer describe el servicio de esta manera: "Nadie necesita preguntarse cuál es su objetivo. Siempre lo encontrará en el servicio. Si por un solo día puedes concentrarte en hacer que la vida de otro sea mejor, si puedes concentrarte en pensar así, así es como piensa Dios. Es un concepto antiguo, pero sigue siendo relevante."

Tocar la vida de alguien es más valioso que cualquier cantidad de dinero. Creer que necesitas lo que no tienes es la definición de locura. Que no te puedas realizar hasta que no consigas todas esas cosas es una ilusión. No necesitas nada más, no importa a qué te dediques, puedes ser taxista, maestro, trabajar en una fábrica, ser director, en fin, lo que importa es que te concentres en ayudar a otros.

Piensa en la gente que te acompaña en el camino, que creen en tu visión, piensa en los que compran tu producto, de esa forma podrás dirigir un negocio despegándote del resultado y centrándote en el servicio. La vida se convierte en asumir estas virtudes: cómo puedo servir, cómo puedo ser amable, cómo puedo sentir veneración. Si piensas así vives sintiéndote pleno.

Para adentrarme más en este proceso, desarrollé algunos principios. Por meses fueron mis recordatorios para llevar una vida de mayor servicio. Tú también puedes crear los tuyos, se volverán una guía para tu vida. Pero, por lo pronto, éstos son los míos.

No importa qué es lo que haga, lo haré con excelencia y entrega.

Lo que importa, es poner mi atención en una sola pregunta: "¿Cómo puedo servir?"

Mi propósito siempre lo hallaré en el servicio.

Estoy al servicio de todos los seres sintientes.

Siempre que pida algo, que sea para el más alto bien de toda la humanidad.

Pido por mayor fortaleza, disciplina y valentía en mi vida para servir a los demás.

Padre, permíteme ser más consciente durante mi día y vivir en presencia para no olvidar mi misión en esta vida.

El crear principios y tenerlos presentes te permite saber cómo quieres experimentar tu vida más allá de tu profesión o tu rol en la sociedad. Independientemente a qué te dediques, éstos se vuelven la base en cualquier situación en tu vida.

Otro proceso que te ayudará a conectar más con los demás y abrir tu corazón es este ejercicio:

Cada vez que veas a una persona en la calle, en un café o en el gimnasio, vas a completar esta oración en tu mente:

Amo de ti _____ porque de esa forma_____.

Éstos son algunos ejemplos:

Amo de ti cómo tomas la mano de tu hijo porque de esa forma me muestras el amor tan grande que existe de una madre a un hijo.

Amo de ti tu pasión al guiarnos en esta clase de espeiritualidad porque de esa forma nos inspiras a ir más lejos.

Amo de ti tu paciencia al estar con tu nieta porque de esa forma aprendo cómo ser paciente conmigo y con los demás.

Esto lo puedes hacer con 5 personas, siempre tratando de conectar desde lo más profundo de tu Ser y genuinamente reconociendo algo que ames de ellos. La intención es ir más allá de nosotros y empezar a conectar con la realidad y la vida de otra persona a pesar de no conocerla.

Otra forma para activar el servicio en ti es rezar, esto te dará la oportunidad de poner tus más grandes intenciones en el océano de la consciencia. Se crean olas de vibraciones cuando rezas. Tus palabras se vuelven las llaves a nuevas posibilidades en esta vida. Tu rezo se eleva para ser escuchado y ser recibido.

Cuando estuve en el centro budista en Tailandia nos entregaron una hoja con una oración que decíamos todos los días, esta oración se ha quedado conmigo desde ese momento:

Que todos los seres sean felices, que todos los seres
sean libres del sufrimiento, que nadie sea desposeído
de su felicidad, que todos los seres logren ecuanimidad,
sean libres de odio y de apego.

Reza por tu bienestar y el bienestar de todos los Seres, , de esa forma tu energía empezará a unirse más a la virtud del servicio y tus actos estarán llenos de esta virtud. No tienes que decir el mismo rezo, siempre el rezo más poderoso es aquel que sale de nuestro corazón.

¡Qué mayor servicio que desear el bien a todos los Seres!, pedir por un bien mayor, pedir por los demás y entregar el corazón, tu energía, tus palabras, tus intenciones;

todo esto te llena desde el interior y compartes tu felicidad.

Tus creaciones también son ofrendas a lo divino y representan una bella forma de estar al servicio de los demás, cuando estás creando arte, una nueva empresa, un proyecto en tu trabajo, estás conectando con esta fuerza vital. Estas preguntas te permitirán acercarte a la energía del servicio y conectar con él desde tu esencia: ¿De qué forma quiero servir al mundo? ¿Por qué causa moriría? ¿Cómo quiero dejar el mundo? ¿Cómo puedo ser parte de crear un mundo mejor? ¿A quién quiero servir? ¿Qué es lo que requiere de mí el planeta en este momento?

En la próxima meditación conectaremos con las preguntas anteriores y te acompañaré a activar esta virtud en ti.

MEDITACIÓN

Cierra los ojos.

Respira profundo.

Relaja tu mandíbula y con cada inhalación y exhalación ve soltando más tus hombros y acomodando tu cuerpo.

Lleva tu atención a tu cuerpo, a tus hombros, a tu pecho, a tu corazón y mantén tu atención ahí.

Reconoce el gran corazón que tienes.

Respira.

Inhala lento, exhala lento.

Ahora lleva tu atención a tus pies y siente cómo salen raíces hasta conectarse con un cristal en el centro de la Tierra, desde ahí sale energía que empieza a subir por las raíces y de regreso a tus pies.

Siente esta energía de la Tierra subiendo por tus piernas, por tu columna, por cada centro energético hasta tu corazón, tu coronilla y finalmente siente cómo sale más allá de tu cabeza. Respira.

Mantén tu atención por arriba de tu cabeza e imagina que hay un sol radiante de donde salen rayos de energía y estos empiezan a entrar por tu cabeza, estás recibiendo una energía infinita de fuerza y amor, ésta baja por todo tu cuerpo, por tu tercer ojo, por tu garganta, por tu pecho, tu estómago, tu vientre, tus genitales y este flujo regresa de nuevo hacia arriba activando en ti un poder infinito. Ésta es tu fuente principal de energía.

Aquí radica tu poder, todo se alquimiza desde aquí, la energía empieza a circular, un fuego quemante avanza a través de tu columna hasta tu coronilla y de regreso por toda tu columna.

La energía te armoniza, nuevas frecuencias se activan en ti, el balance, el poder, todo lo bueno atrayendo vibraciones a tu vida.

Tu corazón se expande, se llena de amor.

Desde esta armonía, desde la congruencia, generando energía desde adentro, puedes permitirte estar al servicio de los otros.

El servicio es sagrado, se brinda al que está en sufrimiento, al que está a ciegas, al que está inmerso en el juego, al que no ha podido acceder a su energía interna. Estás al servicio para que los demás encuentren mayor bienestar en su vida, mayor calma y se permitan volver a conectar con su flujo vital de energía.

El servicio está activo en ti para ofrecer tu amor, tu luz, tu acompañamiento.

Inhala amor, exhala servicio.

Inhala luz, exhala servicio.

Repite estas preguntas en tu mente, sin querer responderlas en este momento, sólo serán mantras que se instalarán en tu subconsciente.

¿Por qué causa moriría?

¿Cómo quiero dejar el mundo?

¿Cómo puedo ser parte para crear un mundo mejor?

¿De qué forma puedo estar servicio?

Que tu conexión con la divinidad te permita mantenerte despierto, que tu conexión con la fuerza vital te ayude a reconocer a los que requieren de tu apoyo, que puedas ver el servicio en lo más pequeño, en tu día a día, y que éste venga desde un corazón abierto y alineado con todos los demás centros energéticos, que tu vida sea una vida en servicio.

Que tu conexión te permita ver las respuestas y con la valentía y el poder que está en ti puedas ser la divina representación del servicio en la Tierra.

Inhala profundo.

Exhala lento.

Regresa tu atención al cuerpo, siente tus manos, tus piernas y respira profundo.

Cuando estés listo, lista puedes abrir tus ojos.

13. Mente de principiante

Si estás aburrido, no estás prestando atención.

Friedrich Salomon Perls

Cuando era pequeña había una serie de televisión que pasaban en Discovery Kids que me encantaba, seguro también la veías ya que su rating ha sido uno de los más altos en este canal. Se llamaba *El Fantasma escritor*, por si no la recuerdas, la serie se centra en un grupo de amigos de Brooklyn, Nueva York. Este grupo es diferente a los demás porque son los únicos que pueden ver los mensajes de un fantasma de origen desconocido que se comunica con letras escritas, de ahí el nombre de la serie.

Mostraban cómo el fantasma se comunicaba con ellos a través de mensajes en la pared, letreros neones, en papel y desde la computadora. Recuerdo que mi hermana y yo, al no tener computadora, dibujamos una, imaginando que éramos las protagonistas de este programa. Nos dimos a la tarea de crear un teclado de papel, tenía todas las letras y lo usábamos como si funcionara a la perfección, desde ahí nos comunicamos con el fantasma escritor.

De alguna manera yo tenía esta inquietud de que algo más allá de lo que podíamos percibir ocurría, y siempre quise que algo así me pasara. Cuando vemos a nuestros héroes en películas o libros, cuando escuchamos una canción o vemos un atardecer, algo muy dentro de nosotros conecta con algo más grande, una sensación de grandeza, una conexión más allá de lo material. Sabemos que algo mágico está pasando a pesar de no ponerlo en palabras. Todos hemos tenido esta sensación de que hay algo más grande esperándonos pero pasan los años y nos desilusionamos porque, según nosotros en nuestro día a día, "no pasa nada". Dejamos de conectar con esa sensación y pronto nos empezamos a identificar con la forma, con la realidad que vemos con nuestros 5 sentidos.

Cuando era pequeña para mí era increíble imaginar que alguien que no tuviera cuerpo físico podría enviarme información de otra dimensión más allá del tiempo y el espacio, y que pudiera guiarme de alguna manera para ir encontrando pistas que me llevarían a resolver algún caso.

Probablemente yo estaba esperando ver un letrero neón grande al salir de la escuela —obvio, nunca pasó—, pero ese sentimiento de qué hay algo más era la llave para explorar eso que sabía que existía, pero no podía explicar.

Esta sensación no terminó cuando era niña, cada vez mis preguntas eran más grandes, mis interrogatorios y demandas por saber la verdad llegaban a cansar, y un día simplemente me di por vencida. Preferí seguir con lo que se esperaba de mí, empecé a comprarme las creencias de otros y actuaba de acuerdo a la cultura en la que había crecido. No sabía que me estaba perdiendo en el mundo de la forma y las preguntas dejaron de existir por completo, ya no había sorpresa, ya no había curiosidad, ya todo era predecible o eso me hizo creer mi mente. Había señales todo el tiempo para regresar a mí y aunque esas señales eran a veces tan grandes como los letreros en neón que aparecían en *El Fantasma escritor*, mi vista estaba tan nublada por las normas y las creencias aprendidas que poco podía notar. Supongo que eso que existe más allá de esta realidad física se había cansado de que no escuchara. Finalmente, el festival en Londres fue la mejor forma que encontró para mandar un último mensaje, quizá sabía que estaba a punto de mi auto destrucción, nunca lo sabré. Lo importante es que lo pude escuchar, claro y fuerte, y definitivamente era lo que requería para volver a mi curiosidad, para creer en algo más grande y recordar todas esas preguntas que tenía cuando era pequeña. Ese momento en el festival fue el letrero neón que tanto había pedido recibir cuando era pequeña. Por fin pude confirmar que existía algo más allá de esta realidad, aunque ese algo no estuviera nada claro en ese momento.

Cuando esto ocurrió lo que más traté de hacer fue replicar a como diera lugar esa misma sensación de asombro, de grandeza, de plenitud, de despertar, pero nunca volvió a ocurrir de la misma forma, a pesar de estar en retiros de silencio, en retiros de meditación meditando, inclusive tomando plantas sagradas, nada fue como aquella tarde donde escuché la voz que me llamaba en el festival.

Viaje por el mundo, exploré todo lo que pude por años y nada, la experiencia jamás fue la misma. La experiencia que estaba buscando era la de estar despierta, consciente de lo que existía más allá de la forma, en presencia escuchando a la vida misma guiándome.

Un día fui a casa de Javier Razo, llevaba meses confundida sobre hacia dónde quería dirigir mi vida, ya había dejado By the land para ese momento y le comentaba que sentía que mi vida se había vuelto bastante aburrida y no sabía hacia dónde moverme. En medio de esta conversación, Javier me pidió que saliéramos al jardín y, en silencio, nos quedamos observando los árboles. Eran árboles jóvenes, altos y bastante verdes y por el viento podía observar cómo se movían sus hojas de un lado al otro. Después de algunos minutos de estar en silencio enfrente de estos árboles Javi mencionó: "Aquí están las respuestas, todo está sucediendo aquí y ahora."

En ese momento yo seguía bastante confundida y pensando en que no tenía un rumbo fijo y sus palabras no logré comprenderlas con la intensidad adecuada debido a que no estaba percibiendo lo mismo que él, regresamos a la sala y yo seguía haciéndole preguntas, finalmente terminamos de conversar y me despedí, cuando salí de su casa algo empezó a cambiar. Mi mente empezó a calmarse y en vez de tomar un Uber decidí caminar en medio del residencial que estaba lleno de más árboles, vi un parque al final y me fui a sentar en una banca debajo de algunos árboles.

Empecé a escribir y la información empezó a bajar, escribí en mi libreta:

La respuesta está en los detalles, todo me regresa al aquí y al ahora. Dios y la creación están en los detalles, en la belleza de las cosas. A pesar de que todo se repite, cada instante es distinto, vivir con presencia plena es reconocer que este momento que estoy viviendo es único. Cuando observo mi realidad, sin juicio, es donde realmente puedo ver lo que está enfrente mío, la consciencia que habita en cada objeto.

Este era el mensaje que Javi me estaba compartiendo al estar observando los árboles en silencio. Durante los siguientes meses esta información empezó a anclarse en mi cuerpo. En ese momento inició un camino enfocado en la contemplación y en algo que estaba a punto de conocer: la mente de principiante, o como los budistas lo llaman, la "mente original".

Cuando te permites vivir desde lo desconocido se crea un espacio que nos permite acceder a la consciencia, al principio organizador que está detrás de la forma, de la materia, de la manifestación. Los más grandes artistas han visto qué hay detrás de la forma y lo han manifestado de maneras bellísimas.

Cuando estamos en un estado de consciencia aflictivo nos encontramos completamente alejados de nuestra esencia, nos hemos comprado la idea de que esto que estamos experimentando como realidad es todo lo que hay. Estamos en una actitud ciega ante la vida, aburridos de la misma rutina y hasta en los encuentros que tenemos con las personas que más amamos, cerramos la puerta a conocerlos más allá de las etiquetas que les hemos dado.

En este camino descubrí que las virtudes se vuelven llaves de acceso a tu esencia, abren puertas, e incorporar la mente de principiante a este camino es tener una llave maestra que te da acceso a la presencia y a estar abierto a todas las posibilidades que existen, a interactuar con la vida con mayor sorpresa, gozo y reconociendo lo impermanente en todo.

A la mente de principiante se accede a través de sentirte afortunado con eso que se está mostrando en tu vida, apreciando lo que está pasando en ese momento, reconociendo que estás aquí, ahora y que la vida es hermosa tal como es. Observando lo que estás viviendo, sintiendo y experimentando. Siendo testigo de las energías en tu cuerpo, de las emociones que surgen sin juzgarlas y sin analizarlas. Saliendo de la mente y regresando al corazón.

¿Recuerdas tu primer beso, tu primer día en la universidad, la primera vez que intentaste nadar? Todo esto tiene algo en común en esos momentos, estabas abierto a la experiencia, había entusiasmo por algo nuevo donde no hay ideas o creencias sólidas sobre la experiencia. Esto se puede experimentar en cada momento, tanto con lo placentero o con lo que te incomoda, viviendo conectada con tu verdad interna.

Es una capacidad que te permite enterarte que estás vivo, te permite abrirte a más posibilidades y dejas de sustituir tu vida presente por los tantos pensamientos que rondan tu mente y en cambio te permites observarlos. Te haces consciente de que esta es la última vez que experimentas esto que está pasando, nada nunca será igual, ninguna taza de té que te tomes, ninguna clase de ejercicio, a pesar de haber lavado los platos tantas veces, tampoco será igual la siguiente vez. La mente de principiante hasta te protege del peso de estar bajo esta sensación de la rutina, de tedio, de vivir sin sentido, de una vida sin propósito. Encuentras la vida en todo. Es la vida encontrándose con la vida.

La intención es irnos quitando estos velos, transmutando las aflicciones en las que hemos vivido encarcelados. Tener la capacidad de observar nuestro estado sonámbulo donde solo pasan los días, las situaciones, sin darnos cuenta de la vida, pensando constantemente en lo que no hay. La mente de principiante es vivir con asombro y empezar a vivir en agradecimiento, responsables por esta vida que se nos dio, humildes y con las ganas de seguir creciendo y evolucionando.

En la filosofía zen le dicen "cultivar el corazón de principiante", el corazón fresco y energético, donde reconocemos que cada instante está lleno de posibilidades. Una frase del maestro zen Susuki dice: "La mente de principiante está completamente llena de la sensación de posibilidad. Mientras que la mente de un experto está muy limitada porque ya siente que conoce todo."

La mente de principiante te da el poder de interactuar con la realidad, de que esto que estás viviendo es una oportunidad única, no sabes cuándo volverá a ocurrir, no sabes cuánto durará, así que desde esa fuerza te mueves. Cuando te permites encontrar una y otra vez asombro en una tarea de tu día a día estás conectando con esta mente de principiante. Estás interactuando con la vida desde tu soberanía.

No hay nada estático, es decir, todo está ocurriendo por primera y última vez. En cada respiración la realidad es diferente, es nueva. Desde que iniciaste este capítulo hasta este momento, ya cambiaste. Cada vez que termina un instante, después de ese fin hay un inicio. No es posible que exista un final si no existe un inicio. Estamos todo el tiempo sintonizando con ese fluir. Inclusive nuestra muerte es sólo un fin para un nuevo inicio.

Esto despierta un corazón con mucha ternura, capaz de sentir y responder de manera sensible ante todo lo que ocurre a nuestro alrededor. Esto es una mente despierta, que se da cuenta que se sintoniza con la realidad y con la impermanencia. Es en esta mente de principiante donde te permites darte cuenta de que siempre serás un aprendiz de la vida. Un eterno aprendiz.

Llevar una vida virtuosa te mostrará lo maravillosa que puede ser la existencia, te mostrará una nueva forma de vivir, podrás evolucionar desde un lugar más compasivo, humilde y amoroso.

La vida pasa tan rápido, que el mayor regalo es que puedas notarla, apreciarla y buscar por tu bien y el de los que te rodean.

Imagínate que llegas a tu muerte y cuando ya estás cruzando el umbral te preguntan si recomendarías ir al planeta Tierra. La idea es que puedas decir con toda la seguridad del mundo: ¡¡¡Sí, te lo recomiendo 100%!!!

La vida es un viaje creativo, sin importar tu rol, lo que hagas en ella, todo, te está llevando a un viaje de evolución para volver a recordar. Recordar tu verdad, tu esencia. Morir y renacer cada que sea necesario en esta vida y desde ese lugar llevar una vida más virtuosa, donde te permitas ser vulnerable, donde te enamores de la verdad y de ti.

Las virtudes son una forma de vida, mientras más aprende tu cuerpo a sentir la gratitud, la apreciación y la compasión, más se van alejando las aflicciones que te esclavizan diariamente. Una vida virtuosa es vivir desde tu Ser soberano, en gratitud por lo que es.

Las virtudes se han mencionado en la Biblia, en el Bhagavad-gita, filósofos como Aristóteles y los estoicos también han tomado las virtudes como centro de sus enseñanzas. Hasta a presidentes como Benjamin Franklin se les conoce por las virtudes que tuvieron en su vida.

Las virtudes son hábitos para el alma que con su constante repetición empiezan a crear una vida buena. Tu elección de vivir desde la virtud es un acto de valentía todos los días, de coraje y de responsabilidad, de compasión. Para el budismo, tienen el fin de erradicar el sufrimiento en nuestras vidas y en sánscrito se le conoce como pāramitā que se define como "acción trascendente", aquella que se realiza de manera no egocéntrica, que trasciende el propio ego.

Las virtudes descritas en este libro son las que elegí para aprender de ellas, para practicarlas y para que me acompañen, se volvieron mis llaves hacia una vida generosa, plena y en paz. Surgieron como antídotos a las aflicciones que se han presentado en mi vida y seguirán siendo mi guía cada vez que éstas y nuevas aflicciones me nublen la vista. Recuerda que para cada aflicción que estés experimentando, existe una virtud que puedes activar en tu vida. Las aflicciones son las que nos mantienen en la cárcel, las que están poco a poco robando nuestra libertad. Está en cada uno de nosotros atrevernos a enfrentar cara a cara con cada una de estas aflicciones: la envidia, la soberbia, el odio, el egoísmo, el miedo, el sufrimiento y elegir abrir la puerta de esta cárcel que en realidad jamás estuvo cerrada. Todo depende de cada uno de nosotros, de ti.

Reconozco que las aflicciones no sólo aparecen en las ceremonias con psicodélicos o haciendo meditaciones durante 4 horas seguidas, están visitándonos, colándose en nuestra vida en todo momento. Entre más consciencia podamos desarrollar, más sencillo podremos darnos cuenta cuando las aflicciones nos visitan y están llevando nuestra vida por la ignorancia.

Cuando te des cuenta que una aflicción está visitándote o llevando tu vida, felicidades, has podido ver a través del velo, lo has hecho consciente, ahora ves la puerta que te detiene a vivir; ahora, con todo el amor y la valentía que puedas, entabla una conversación con la puerta y desde el corazón emergerá una llave, esa llave es la virtud con la que bañarás a la aflicción, siempre con humildad y con amor. Esta puerta se desvanecerá y podrás liberarte. Todos los días son nuevos y es posible que de nuevo otra aflicción te visite, el proceso será el mismo. Verás la puerta con todo el amor que tengas, surgirá la llave en ti y podrás liberarte, si no es posible en esa ocasión, la vida te ayudará a que tengas una nueva oportunidad, es muy sabia.

PARA VER LAS PUERTAS QUE TE BLOQUEAN MANTENTE CONSCIENTE Y PARA MANTENERTE CONSCIENTE ENTRENA TU ATENCIÓN Y TU MENTE. TU PRIMERA HERRAMIENTA SERÁ LA MEDITACIÓN, QUE TE PERMITIRÁ VER SENTIR PLENAMENTE.

Epílogo
El camino espiritual

¿Qué es el camino espiritual?
Cortar leña, llevar agua.
La espiritualidad se esconde detrás de todo lo ordinario.

Abrí los ojos a las 8 de la mañana, todavía sentía el jetlag en todo mi cuerpo, no llevaba ni una semana de haber llegado a Londres. Me había instalado en mi nuevo departamento que quedaba cerca de la estación de St. Pancras y después de darme una semana de descanso retomaría la escritura de este libro. La noche anterior me quedé hasta tarde buscando diferentes lugares para escribir, cafés, coworkings o algún lobby de un hotel. Quería algo que me quedara cerca y adonde pudiera ir todos los días, incluyendo los fines de semana.

Encontré un lugar que se veía perfecto y me quedaba a 10 minutos caminando, ese día, a pesar del jetlag, estaba feliz porque había iniciado la última parte de este libro, el proceso de edición. Cuando llegué había una fila enorme y me pregunté: "¿Habrá suficiente lugar para todos?"

Esperé sentada en un café que estaba afuera, dieron las 9:30 de la mañana y las puertas se abrieron de par en par. Todos de forma ordenada empezaron a pasar. Cuando iba terminando la fila me acerqué y entré. Me quedé un segundo observando el lugar, no me esperaba que fuera tan grande e imponente. Los techos eran muy altos, las paredes blancas y al fondo veías más de 5 pisos de libros antiguos detrás de una pared de cristal.

Subí las escaleras eléctricas y llegué al primer piso donde había bastantes mesas. Ya todas estaban ocupadas y me fui a buscar un espacio hasta que llegué a uno de los tantos salones de estudio que tienen, no podía pasar si no tenía una tarjeta de miembro. Fui por ella y después de 10 minutos tenía la tarjeta que me daría acceso a todos los salones de la Biblioteca Nacional de Inglaterra.

Ese día encontré el lugar perfecto para escribir, era el salón de sociología, tenía mesas de madera bastante largas y sillas bastante cómodas, sí, cómo de película, la luz natural entraba por las ventanas y lo que más amaba era el silencio en el que podías trabajar. Desde ese día empecé a ir diario a la biblioteca durante todo el verano del 2023. Habían pasado 7 años desde que escuché el primer mensaje y sabía que era momento de regresar a cerrar el ciclo e iniciar uno nuevo. Este viaje fue para honrar mi camino espiritual, fue mi ofrenda a todos los seres que me han guiado, una ofrenda a la Madre Tierra y a mis guías, este viaje se volvió el inicio de un nuevo compromiso con mi vida.

No tenía planeado viajar a inicios de año, en ese momento tenía mucho en mi mente y me sentía confundida, planeaba quedarme otro año en mi hogar, había formado una gran comunidad en Ciudad de México y me sentía cómoda, pero el dueño del departamento en el que llevaba ya dos años me avisó que lo necesitaría para su hijo. Tenía dos opciones: buscar otro departamento por otro año o aprovechar este periodo e irme 3 meses fuera, esta vez no quería regresar a Bali. Estuve pensándolo mucho, también me puse a buscar departamento, pero no me convencían del todo, hasta que 2 semanas antes de tener que salir de mi departamento, lo decidí. Me iría el verano a Londres. Era mi estación favorita y sentía que era el momento de regresar a donde todo inició.

Un día después de estar en la biblioteca decidí ir a Victoria Park, tomé mis cosas y me dirigí a la estación de St. Pancras, que me quedaba a 5 minutos. Tomé el *underground* y después de 30 minutos había llegado a Victoria Park. No había vuelto desde aquel día, no reconocía el lugar, a pesar de haber estado en el festival, no recordaba ni por dónde había entrado. Ese día había un sol espectacular, estábamos a 25 grados, un día de verano perfecto. Sin importar en qué lugar de todo el parque había estado cuando fui la primera vez, me senté cerca de un lago, en el césped, saqué mi libreta y una pluma y me puse a escribirle a Maryell que había estado en este mismo parque hace 7 años y esto fue una parte de lo que escribí.

Hermosa, hoy inicia un nuevo recorrido, todo hará sentido más adelante, tu valentía será clave para este recorrido que comienzas. Y a pesar de la confusión en el camino, no olvides el silencio y la contemplación para regresar a tu centro. La guía y las respuestas llegarán, el proceso en el que te estás embarcando te llevará a una aceptación radical de lo que es. Pronto te darás cuenta que todas las cosas son parte del despertar y que cada acción, palabra o nuevo proyecto no son tu trofeo, se volverán una ofrenda a lo divino. Tienes tu propio ritmo,

inclusive en este bello proceso. Hoy inicia
un camino de verdadera transformación.

Agregué una frase de Ram Dass para que sirviera también
de guía para Maryell que estuvo ahí hace 7 años.

> Has buscado, buscado y encontrado mucho,
> pero no ha sido suficiente y ahora sólo dan-
> do la vuelta al proceso vas adentro y adentro
> hasta que llegas a aquel lugar que los hindús
> llaman ATMAN. El eterno observador, el ser
> divino, libre, que lo abarca todo.

Cerré mi cuaderno, sabía que estas palabras viajarían a través del tiempo y el espacio.

Caminé en silencio, salí del parque. Me sentía otra
persona, aceptando mi humanidad, sabía que un nuevo camino empezaba, uno que me llevaría a una conexión aún
más profunda con mi Ser, amando estar en esta realidad
física, aprendiendo de mí a través de los demás.

El proceso del despertar, la purificación y el camino espiritual es el viaje de regreso a casa. A la calma, a la quietud, a
la complitud. Más allá de cualquier experiencia mística, de los
velos, del materialismo espiritual. El despertar está pasando
en todo momento, no requieres de algo especial para recordar
que el viaje a través del gran océano de la existencia es un viaje
hacia adentro, siempre más profundo y cuanto más profundamente entras, más verdad encuentras.

Me sentía tranquila, satisfecha y con muchas posibilidades por delante. No tenía claro mi siguiente proyecto em-
presarial o dónde iba a vivir la siguiente temporada de mi
vida, pero en ese momento es en lo que menos pensaba. Mi

enfoque estaba en vivir desde el Ser, en compartir desde mi esencia sin importar lo que estuviera haciendo, en abrir más mi corazón a la vida, a seguir evolucionando desde las virtudes y mantenerme consciente en el camino.

El segundo mes en Londres me moví a un nuevo departamento en Notting Hill, una de las zonas más lindas y famosas de Londres. Se volvió muy famosa por una película del mismo nombre donde salía Julia Roberts de protagonista.

Todas las tardes salía a caminar y con sólo ver las casas de colores pastel mi inspiración se elevaba. Hayde Park me quedaba a menos de 20 minutos caminando, así que iba seguido para conectar con la naturaleza.

Un sábado pasé por un centro budista, estaba muy cerca de mi nuevo departamento. Llevaba mucho tiempo de no ir a uno y una energía muy grande me estaba llamando a este lugar. Abrí la puerta y al entrar vi a una mujer y a un hombre muy amables, me acerqué y les pregunté si podía entrar a algún salón a meditar por un rato, al verlos supe que estaban anclados en la presencia, reconocía esa energía.

Me dijeron que estaba de suerte porque justo un grupo de meditadores tenían una sesión abierta al público y podía pasar sin problema. El centro budista era hermoso, moderno, muy bien cuidado y con colores neutros como me gusta. El hombre me acompañó a unirme con el grupo, bajamos unas escaleras, dejé mis tenis, guardé mi mochila en un closet y él abrió un poco la puerta para ver si podía pasar. Antes de entrar me preguntó: "¿Has meditado antes?" Les dije que sí y me dio indicaciones para unirme al grupo.

Entré, me incorporé a un grupo de 4 personas y empecé a caminar despacio como había aprendido en mi primer retiro de Vipassana en Chiang Mai, Tailandia. Ahí estaba de nuevo en completo silencio, poniendo atención en cómo mi talón apoyaba el piso, después la planta de mi pie, mis dedos y finalmente cómo se desprendía y el otro pie hacía lo mismo. En ese momento abracé tanto a Maryell que había llegado a Tailandia confundida, buscando el éxtasis de la vida, buscando respuestas y hoy estaba tranquila, honrando la vida, ofrendando mi práctica a lo divino y sabiendo que todas mis versiones estaban pasando en ese mismo momento.

Terminamos de caminar y nos sentamos en silencio. Me senté en unos cojines de meditación y puse una manta en mis piernas. Puse mis manos en dhyana mudra o mudra del vacío y cerré mis ojos. No pasó mucho tiempo cuando encontré un estado de calma y armonía.

Hicimos una vuelta más de caminata y meditación; al final me quedé a tomar el té con el grupo. Después de la sesión todos compartían cómo les había ido en la práctica, el organizador se dio cuenta que faltaban galletas y como buen inglés salió a comprar unas, porque al parecer no pueden faltar cuando toman el té.

Cuando me tocó expresar mi experiencia dije: "Mi meditación me llevó a la calma y a la armonía, un estado meditativo profundo y bello, pero lo más sorprendente ocurrió al abrir los ojos. La vida es la gran maestra, estoy lista para empezar a vivir en esta realidad, en este planeta Tierra, en ningún otro lado. Amando la polaridad que se experimenta aquí, amando mi humanidad, amando la evolución en la que estoy en este momento. Amando el proceso, amando mi transformación, amando la vida."

En ese momento internamente lo sabía. Mi misión ahora sería dejar huellas de luz para que los demás peregrinos vean las puertas y descubran las llaves en su interior. Y así acompañarnos entre todos en este proceso de despertar.

Éste es mi camino espiritual. Vivir una vida virtuosa.

Agradecimientos

Escribir este libro ha sido una gran práctica espiritual, nunca pensé que este proceso fuera tan transformador y revelador. Recuerdo que al estar llegando al final del libro empecé a entrar en un estado expandido de consciencia que duró al menos unas 5 horas. Estaba desorientada y recibía información sobre la vida como si hubiera estado meditando por días o en una ceremonia con una planta sagrada pero el expansor en este caso había sido este libro.

Estoy muy agradecida con la vida por darme esta oportunidad de mostrar mi vulnerabilidad y ponerme al servicio a través de la escritura. Y más agradecida con las personas que me han acompañado en este despertar los últimos 7 años.

Gracias a Joss Fragoso quién me acompañaba cada semana a transitar y navegar las aflicciones que tanto rechazaba, con todo su amor y presencia me ayudaba a abrir cada vez más mi corazón para que descubriera en mi interior las virtudes que habitaban en mi. Gracias por llevarme tan profundo en cada sesión a pesar de mi resistencia.

Le agradezco a Javier Razo que siempre me dejaba con muchas más preguntas que las que le hacía, gracias a eso surgió este libro que trata de responder mis inquietudes más profundas, ¿Qué es vivir virtuosamente? ¿Qué es el camino espiritual? Gracias por tus palabras que me llevaron a querer explorar a un nivel más profundo la vida.

También quiero darle las gracias a Paola Ambrosi, una gran maestra, que en cada conversación me mostraba lo que era el servicio, la entrega y la presencia. Gracias por guiarme en la exploración de mi ser y por despertar en mi la valentía y la compasión.

Gracias a José Casas que ha estado presente en mi camino de transformación personal y de negocios. Gracias por tu guía y tu amistad. Gracias por confiar en mí y hacerme parte de tus proyectos.

Le agradezco a Rorro Echavez por haberme presentado a César Ramos, mi editor en Penguin Random House. Gracias por tu generosidad, tu bondad y tu entusiasmo por la vida. Siempre iluminas el lugar en donde estás.

Gracias a las más de 40,000 personas que leen Viernes de consciencia, mi newsletter semanal, hecho con la intención de crear el hábito de la escritura. Gracias a ti que me lees cada semana y me ayudas a encontrar mi estilo de escritura.

Gracias a cada uno de mis clientes, que han tenido sesiones o algún programa conmigo. Gracias por creer en mí porque a través de ustedes yo también crecí.

También quiero agradecerle a César Ramos, mi editor dentro de Penguin Random House, la primera persona que me llamó autora inclusive antes de que yo pensara que esto sería una realidad. Gracias por estar al pendiente, por creer en mí y ayudarme en este proceso.

Gracias a Alfonso Aguire, que ha sido un gran amigo desde que regresé a vivir a México. Gracias por ayudarme con la planeación de este libro, por darme tus recomendaciones y por revisar el manuscrito. Tu experiencia me ayudó a que fuera más ligero y divertido este proceso.

Gracias a mi mamá por creer en mi todo el tiempo. Por enseñarme a ser resiliente y amorosa: eres mi mejor ejemplo de servicio y entrega. Gracias a mi papá por darme todos los recursos y las oportunidades que me llevaron hasta este momento de mi vida: eres mi mayor ejemplo de dedicación, perseverancia y excelencia.

Y finalmente, gracias a quienes han leído este libro: gracias por llevar su luz a cada rincón del mundo.

***

Para acceder a las meditaciones que aparecen en este libro, sólo tienes que escanear este código QR o en el siguiente link.

www.maryell.me/libro-meditaciones

Despertar de Maryell Cisneros
se terminó de imprimir en abril de 2024
en los talleres de
Impresora Tauro, S.A. de C.V.
Av. Año de Juárez 343, col. Granjas San Antonio,
Ciudad de México